광장에는 있고
학교에는 없다

광장에는 있고 학교에는 없다
– 민주주의의 도전

ⓒ 조영선 외

2017년 2월 11일 처음 펴냄
2019년 7월 29일 초판 2쇄 찍음

글쓴이 l 홍서정, 최병우, 조영선, 정은균, 임동헌, 이희진, 이윤승, 이용석, 이만희,
　　　　성동석, 밀루, 미나리, 김수현, 김동이, 강성규
기획 · 편집 l 이진주, 설원민, 공현
출판자문위원 l 이상대, 박진환
디자인 l 이수정
제작 l 세종 PNP

펴낸이 l 김기언
펴낸곳 l 교육공동체 벗
이사장 l 심수환
사무국 l 최승훈, 이진주, 이경은, 설원민, 김기언, 공현
출판등록 l 제2011-000022호(2011년 1월 14일)
주소 l (03971) 서울시 마포구 성미산로1길 30 2층
전화 l 02-332-0712
전송 l 0505-115-0712
홈페이지 l communebut.com
카페 l cafe.daum.net/communebut

ISBN 978-89-6880-032-0 03370

이 도서의 국립중앙도서관 출판시도서목록(CIP)은 서지정보유통지원시스템
홈페이지(seoji.nl.go.kr)와 국가자료공동목록시스템(www.nl.go.kr/kolisnet)에서
이용하실 수 있습니다.(CIP제어번호 : CIP2017002961)

홍서정·최병우·조영선
정은균·임동헌
이희진·이윤승·이용석·이만희
성동석·밀루·미나리
김수현·김동이·강성규

광장에는 있고
학교에는 없다

－ 민주주의의 도전

교육공동체벗

|3부| 민주주의는 연습이 아니다

6

이 책의 제목을 짓다 나온 후보들 중 "학교는 민주주의를 원하는 가?"라는 것이 있었다. 그 제목을 보면서 이런 생각이 들었다. '누가 민주주의를 원하는가? 민주주의라는 것이 누가 원해서 되는 것이었나?'

솔직히 민주주의만큼 허상인 개념도 없는 것 같다. 민주주의란 단어는 완성된 실체일 때보다는 아직 이루어지기 전일 때, 특히 독재와 억압에 반대하면서 쓰일 때 가장 합의의 수준이 높다. 그리고 그때는 많은 사람들이 일치된 목소리로 민주주의라는 말을 쓴다. 그런데 그 독재와 억압이 적어도 눈앞에서만이라도 사라지는 순간, 함께 외쳤던 '민주주의'는 누구만의 '민주주의'가 되거나 외칠 필요조차 없는 그 무언가가 된다.

1987년 6월항쟁으로 만들어진 87년 체제 그 이후가, 바로 그러한 민주주의 배반의 역사였다. 2016년 겨울 역시, 사람들이 피를 흘리고 성취했다고 믿었던 신기루 같은 그 어떤 가치를 박근혜 정권이 짓밟았기에, 역사가 만든 선을 넘었기에 많은 사람들이 광장으로 나왔던 것은 아니었을까? 물론 신기루를 붙들고 싶어 나왔더라도 광장에서 많은 사람들은 희망을 보았다. 87년 체제의 시발점이었던 최루탄과 화염병 없이, 87년 체제를 만든 사람들보다 더 많은 사람들이 나와서 민주주의를 외쳤고, 그 결과 대통령 탄핵까지 나아갔다. 이런 면에서도 민주주의는 완성된 형태라기보다는 아직 민주주의의 테이블에 끼지 못한 사람들이 자유롭고 평등한 이상理想 사회를 말할 때 가장 유효한 그 어떤 단어인 것이다. 지배층이더라도 내가 힘을 가지지 못한 순간에 써먹을 수 있는, 민주주의 파괴의 주범이었던 사람조차도 외칠 수 있는 그런 단어인 것이다.

그러므로 이미 힘을 가지고 있는 사람들은 민주주의를 원하지 않는다. 그들은 민주주의를 대놓고 부정하지는 않지만, 혹시라도 자신들이 밀려날 위기에 처했을 때 써먹을 수 있을 정도로만 그 개념을 살려 둔다. 이런 면에서 민주주의가 어떤 저항도 없이 편안하게 회자될 때는 사실 힘이 있는 사람들이 허용한 범위 안에만 있는 상황일 가능성이 높다.

2016년의 촛불도 어쩌면 마찬가지이지 않았을까? 전 세대와 전 지역을 통합시킨 엄청난 이슈였음에도 불구하고, 우리의 시간과 공간은 교란되지 않았다. 사람들은 지배자들의 이윤을 빼앗지 않는 주말 저녁에, 예측되는 시간만큼, 법원이 허용한 장소에서 외쳤다. 우리의 광장은 이번 촛불의 시발점이 되었던 한 신문에서 브리핑했던 것처럼 '품위 있게' 열렸다.

사람들은 촛불 혁명을 이야기하지만, 솔직히 말해서 나는 다소 회의적이다. 선을 넘어서는 요구를 선을 넘는 방식으로 하지 않는데 선을 넘는 혁명이 일어나는 경우는 솔직히 보지 못했기 때문이다. 아마도 이 사건은 대통령이 넘었던 선을 다시 재정비하는 정도의 선에서 마무리될 것이다.

솔직히 인정하자. 우리는 이전에 사람들이 피 흘리고 쟁취했던 민주주의를 이제는 별로 원하지 않는 것이 아닐까? 피를 흘리지 않고도 누군가 우리의 민주주의를 대신해 줄 초인이 나타나기를 기대하는 것은 아닐까?

그래서 나는 민주주의가 광장에는 있고 학교에는 없는 것이 문제가 아니라고 생각한다. 광장에서 만들어진 87년 체제조차도, 왜 선거라는 민주적인 제도를 통해서 뒤로 밀려났는가가 문제라고 생각한다. 그리고 87년 체제 이후 만들어진 '민주시민교육'이라는 틀속에서 교과서를 통해 암기한 민주주의를, 우리가 직접 지금 여기에서 살아 내려고 하는 순간, '숨 죽여 흐느끼며 네 이름을 남 몰래 쓰는' 유신 시대의 시가 떠오르는 이 괴리에 대해 이야기해야 한다고 생각한다.

이 책에 소개되는 이야기는 민주시민교육, 4.16 교육 체제 등의 이름으로 회자되는 거대한 이야기가 아니다. 오히려 학교에서 살아가는 사람들이 매일 접하면서도 문제라고 생각하지도 않았거나, 문제인 걸 알았으면서도 눈감았던 그런 일상들에 존재를 걸고 저항했던 사람들의 이야기다. 그리고 어떤 이야기는 교육청 문서에 영혼 없이 쓰여 있던 민주시민교육에 영혼을 불어넣어 제대로 해보려고 했다가 된통 당한 사람의 이야기이기도 하다. 민주주의와 민주시민교육을 말하지만 정작 민주적인 것과는 거리가 먼 학교에서, 민주주의를 꿈꾸고 민주화운동을 하는 이들의 이야기라고 할 수 있다.

　우리의 안온한 일상이라는 것이 사실 지배자들이 구축해 놓은 촘촘한 질서 안에 있고, 그 가는 선을 넘는 순간 지옥으로 떨어진다는 사실은 '헬조선'에서 누구나가 경험하는 일상이 아니던가? 그리고 그 시작은 촘촘한 교칙으로 제 몸을 옭아매면서도, 말도 안 되는 간섭과 부당한 요구에 양보하는 것부터 시작하는 자치활동으로 민주시민의식을 형성한다고 하는, 바로 지금의 학교라는 것도 말이다.

　이렇게 볼 때, 이 책에서 말하고자 하는 민주주의의 도전은 학교 안에서 허용되지 않았던 민주주의를 향해 도전하는 사람들의 이야기만이 아니라 이 땅에서 민주주의의 가치가 왜 도전받고 있는가에 대한 이야기로 읽혀야 할 것이다. 민주주의가 지금까지 허용되어 온 만큼만 연습되고 가르쳐질 때, 왜 그 가치가 수호되는 것이 아니라 후퇴할 수밖에 없는가를 우리는 지금의 현실을 통해 학습하고 있기 때문이다.

　결국 광장에는 있고 학교에는 없는 민주주의를 시작하는 것은 학교에서 민주주의를 가르치는 것이 아니라 학교를 광장으로 만드는 일일 것이다. 자신의 의견을 학교 곳곳에 써 붙이고 문제가 생겼다고 생각할 때 수업을 '째고' 모여서 그 문제에 대한 해결책을 토론하고 필요하다면 교장실에, 교육청에, 청와대에 갈 수 있을 때, 우리는 다시 밀리지 않을 것이다. 이를 위해서라도 촘촘히 구획된 학교에서 견고한 선들을 넘나들며 잘 주목하지 않았던 문제들에 대해 존재를 걸고 싸우는 사람들의 이야기가 큰 힘이 되리라 믿는다.

2017년 2월

저자들을 대신하여 조영선

1부

오늘을 살다

나의
학교생활
투쟁기

종교 사학에 맨몸으로 부딪친 1년을 말하다

홍서정 청소년녹색당

익숙한 인권 침해

부모는 물론 친가, 외가가 전부 독실한 기독교 신자인 집안에서 태어난 나는 소위 '모태 신앙'이라는, 뱃속에서부터의 종교 강요를 받아 온 사람들 중 하나였다. 내 인생의 첫 기억이 시작된 순간부터 밥을 먹고 간식을 먹을 때마다 내 의사와는 전혀 상관없이 기도를 해야 했고 매주 일요일 아침이면 일찍 일어나 교회에 가야 했다. '사랑의 매'라는 이름으로 허구한 날 부모로부터 욕설과 체벌을 당했고, 무슨 이유에서인지는 기억이 나지 않지만 자주 집 밖으로 쫓겨나 아침이 돼서나 집에 들어갈 수 있었다. 다행히 중학교에 들어간 후로는 종교 강요를 제외한 인권 침해들은 덜해져 갔다. 하지만 종교만은 절대 포기할 수 없었나 보다. 내가 교회에 가지 않으려 하면 할수록 부모는 더욱 강력한 제재 수단으로 나를 교회에 보내려 하였고, 그럴수록 인간답게 살고 싶은 나의 열망은 깊어만 갔다.

미션스쿨, 강요가 지배하는 학교 문화

한창 서울학생인권조례를 만들기 위해 수많은 사람들이 노력하던 2011년 겨울, 나는 중학교 졸업을 앞두고 인문계 고등학교 원서를 쓰고 있었다. 내가 들어갈 확률이 높은 같은 권역의 학교들은 대부분 인권 침해가 판을 치고 있었기 때문에 그나마 학생들의 복장이 자유로운 편이고 집에서도 가까운 명지고등학교를 1지망에 썼다. 미션스쿨이라는 것은 알고 있었으나 새 학기부터 학생인권조례가 시행된다 하니 설마 민감한 사안인 종교 수업을 강요하지는 않겠지, 하는 순진한 생각에서였다.

합격 후 입학식 전에 하는 신입생 오리엔테이션에 갔다. 그런데 이런! 신입생 오리엔테이션부터 예배에 기도에 찬송가까지 부르게 하고 기독교를 잘 믿겠다는 서약까지 하게 했다. 처음 만난 담임 교사는 오리엔테이션에 늦은 학생들에게 불같이 화를 내며 체벌을 했고, 생활지도 교사는 파마나 염색을 한 학생은 입학식 때까지 파마를 풀거나 검은색으로 다시 염색하고, 남학생들은 머리를 짧게 잘라 오라고 지시했다. 입학식에서도 오리엔테이션과 마찬가지로 종교 의식을 진행했다.

입학 후에는 매주 월요일 1교시에 전교생을 대상으로 하는 예배 수업에 참석해야 했고, 그와 별도로 일주일에 한 시간씩 종교 수업도 들어야 했다. 참석할지 말지 선택 여부조차 묻지 않는 예배 수업과 달리 종교 수업은 형식적으로나마 교육학 수업과 종교 수업 중 선택하라는 가정통신문이 나왔지만, 담임 교사는 "우리 학교는 미션스쿨이라 종교 수업밖에 준비되어 있지 않다"며 선택을 종용했다. 그럼에도 꿋꿋이 교육학 수업을 선택한 학생들은 있었다. 하지만 학교에는 종교 수업만이 개설되었다.

그 밖에도 어이없는 일들이 많았다. 한번은 학급 일에 쓰기 위해 학생들에게 2,000원씩 두 차례 걷은 학급비를 전체 학생들의 동의도 없이 예배 시간에 헌금으로 낸 일도 있었다. 매일 아침 자습 시간이 끝난 후에는 종교 교사가 성경을 읽어 주고 함께 기도하는 방송을 10분씩 들어야 했는데, 그 시간 동안에는 화장실도 가지 못하고 다른 이야기를 해서도 안 되었다. 부흥회라고 해서 수업을 거의 하지 않고 3일간 예배를 본 뒤 부흥회 감상문을 의무적으로 쓰는 시간도 있었다. 우열반도 있었다. 한 학년당 18반까지 있었는데, 배치고사 성적이 좋거나 중학교 내신이 좋은 학생들 중 남학생들은 1반에, 여학생들은 18반에 모아 '영어 과제반'이라 이름을 붙이고, 나머지 2반부터 17반까지는 '일반반'이라 이름 붙여 따로 학급을 편성했다. 성적이 좋은 학생들은 야간 자율학습도 거의 강제로 해야 했고, 다른 학생들도 방과 후와 방학 중에 보충수업을 강제로 들어야 했다.

그뿐만이 아니다. 등교 시간을 아침 7시 20분까지로 정해 놓고 늦으면 학급별로 지각비를 걷었다. 담임 교사가 교칙에 있지도 않은 여학생 두발 길이 제한을 '명령'하기도 했다. 머리카락을 어깨 길이로 짧게 잘라 오라는 것이었다. 그러나 대부분의 학생들이 파마와 염색은 풀고 왔으나 머리카락은 잘라 오지 않자 담임 교사는 생활기록부에 적을 테니 알아서 하라고 했다. 머리도 자르지 않았을뿐더러 방학 중에 한 파마도 풀지 않은 나는 어떻게 머리를 잘 묶어서 몇 달간 교사들의 눈을 속이고 파마머리를 유지했다. 그러다 어느 날 담임 교사에게 파마한 것을 들켜 버렸다. 담임 교사는 계속해서 파마가 되어 있는 부분을 잘라 오라고 요구하더니 그러지 않으면 생활기록부에 적어서 대학 입시에서 불이익을 받게 하겠다고 협박을 했다. 당시에는 대학 입시를 준비하고 있기도 했고, 계속되는 담임 교사의 재촉도 무서웠고, 한편으론 다른 학생들의 시선도 신경 쓰여서 가슴께까지 자란 머리카락을 어깨 위로 짧게 잘라 버렸다.

이렇게 나의 의사에 반해 머리카락을 자르게 된 것, 믿지도 않는데 종교 행위와 종교 수업에 강제로 동원되어 왔던 것, 듣고 싶지도 않은 보충수업을 돈까지 내면서 의무적으로 들어야만 했던 것, 그 외에 일부 교사들의 체벌과 폭력적인 발언들에 문제의식을 강하게 갖고 있던 중, 서울시교육청 학생인권교육센터를 알게 되어 홈페이지를 통해 이에 대해 신고를 하게 되었다. 그러나 4월에 한 번, 6월에 한 번 신고를 했지만 만족할 만한 답변도 돌아오지 않았고 문제가 해결될 기미도 전혀 보이지 않았다.

학내 운동을 시작하다

강제 보충수업을 듣기 싫었던 나는 가끔 보충수업을 듣지 않고 집으로 가거나 친구들과 놀러 가기도 했는데, 그러다 보충수업을 듣지 않은 것을 담임 교사가 알아채고 말았다. 담임 교사는 같은 반의 다른 몇몇 학생들과 함께 나를 교무실 바닥에 무릎 꿇린 채 '빽빽이('깜지'라고도 불린다)' 5장을 쓰지 않으면 집에 가지 못하게 할 거라 했다. 그날 집에 가기 위해 억지로 빽빽이를 쓰면서 그동안 학교로부터 당했던 인권 침해들을 모두 외부에 알리고 바꿔 내기로 결심했다. 그래서 그날로 서울시교육청 학생인권교육센터에 전화를 걸어 일주일 뒤로 방문 상담을 예약했다.

다음 날, 같은 반 학생들에게 학교로부터 당한 인권 침해 사례를 이름을 밝히지 않고 '롤링 페이퍼' 형식으로 써 달라 부탁했다. 그러자 몇 교시 만에 A4 한 장 반 정도가 금방 채워졌다. 내용은 종교 강요, 강제 보충수업, 강제 야자, 두발 규제, 체벌, 폭언, 우열반

등 현행법과 서울학생인권조례를 위반한 사례들로 가득했다. 학생들이 사례를 적어 주고 나를 지지해 주었던 그땐 정말 이 학생들과 학내에서 뭔가를 해낼 수 있겠다, 학교를 조금 더 인권 친화적인 곳으로 만들 수 있겠단 생각이 들었다.

그로부터 일주일이 흐른 7월 28일, 서울시교육청으로 향했다. 학생인권교육센터 상담조사관을 만나 학생들이 써 준 인권 침해 사례를 전달하고 내가 학교에서 겪었던 인권 침해 사례들도 전했다. 국가인권위원회에도 진정을 넣었다. 그러나 여름 방학이 되어서도 학교에선 어떤 미동도 느껴지지 않았다. 강제 보충수업을 들으며 왜 학교가 눈 하나 꿈쩍하지 않는지 의아해하고 있던 중 〈한겨레〉 기자로부터 명지고 인권 침해 문제를 취재하고 싶다는 연락이 왔다. 기자와의 인터뷰 과정에서 왜 학교가 그동안 꿈쩍하지 않고 있었는지도 알게 되었다. 기자분이 학교와 교육청도 취재했는데, 교육청 내 담당 부서들끼리 학교에 연락하는 업무를 서로 떠넘기느라 그때까지도 학교에 기본적인 사실 관계 확인조차 들어가지 않았던 것이다.

명지고의 인권 침해 실태는 8월 8일 밤 네이버 뉴스 메인에, 8월 9일 〈한겨레〉 지면에 "수업 대신 "할렐루야" … 학교는 종교 감옥"이라는 제목으로 종교 강요와 우열반 문제를 중심으로 보도가 되었다. 그런데 기사가 보도되기 하루 전인 8월 7일에 담임 교사가 엄마에게 문자를 보냈다. "어머님 혹시 내일 학교에 방문하실 수 있으신가요? 서정이 일이에요." 내가 학생인권교육센터를 방문한

것, 국가인권위원회에 진정을 넣은 것, 익명으로 〈한겨레〉와 인터뷰
한 것을 어찌된 영문인지 학교가 알게 된 것이다. 8월 8일 낮에 학
교를 방문한 엄마는 담임, 학생 주임, 교감, 교장과 면담을 하고 나
의 전학을 권유받았다. 물론 나는 전학을 갈 마음이 전혀 없었다.
학교에 남아 운동을 계속하고 싶은 마음이 컸다. 같은 반 학생들의
말을 들어 보니 학생들의 반응은 "누가 제보했냐, 대단하다", "언젠
가 터질 게 터졌다"와 같이 우호적인 의견과 "학교의 명예를 실추시
켰다"는 식의 우호적이지 않은 의견이 반반이라고 했다.

  그런데 다음 날 보충수업에서부터 일부 교사들이 학생들에게 나
의 신상을 공개하는 발언을 하기 시작했다. 교사들은 "공부도 못
하는 애가 불만이 많다", "언론 보도로 인해 학교의 명예가 실추되
어 입학사정관제 등에서 다른 학생들이 불이익을 받을 수도 있다",
"허위 보도로 인해 학교의 명예가 실추되어 마음이 너무 아프다",
"기독교 학교를 없애려는 불교계의 음모에 선동된 학생이 한 거짓
말을 불교계와 결탁한 〈한겨레〉가 보도했다"는 등의 발언을 하며
학내 여론을 학교 쪽에 유리하게 몰아갔다. 같은 반 학생들도 와서
학교 분위기가 나에게 매우 적대적이라는 이야기를 전해 줬다. 나
는 너무 무서워서 그때부터 보충수업을 들으러 가지 않았다.

학교로부터 밀려나다

  개학하기 전 교육청에 한 번 더 가서 학생인권교육센터의 상담조

사관과 추수 상담을 하고, 서울학생인권조례에 근거해 만들어진 법적 기구인 학생인권위원회 회의에 가서 학교의 인권 침해 상황과 제보 후 학교가 나에게 한 보복성 행위들에 대해 증언했다. 그리고 8월 16일, 개학을 하고 2학기가 시작되었다. 어쩔 수 없이 학교에 등교하자 많은 학생들이 〈한겨레〉에 제보한 것이 나인지 물어 왔다. 담임 교사는 나를 교무실로 불러서 종교 수업을 들을 것인지 아닌지, 예배에 참여할 것인지 아닌지 물었다. 내가 둘 다 참여하지 않고 대체 수업과 대체 프로그램을 듣고 싶다고 하자 개학식 날 하는 예배에 나를 참여시키지 않았고 종교 수업에 대해서도 대체 수업을 개설하겠다고 했다. 나 말고 다른 학생들의 종교 수업 수강 여부도 다시 조사했다. 그러나 전체 학생이 아니라 입학할 때 형식적으로 배부한 가정통신문에서 종교 수업이 아닌 대체 수업을 선택했던 45명의 학생만을 대상으로 물어봤다. 1학년 전교생이 700여 명인데 그중 45명만을 대상으로 한 것이다. 그 45명조차도 선택권을 제대로 보장받은 것이 아니었다. 교사들의 강요와 회유가 있었다. 당시 교무실에는 '종교 수업을 듣지 않겠다는 학생에게 최선을 다해 권면해서 수강하도록 하라'는 유인물도 돌았다. 결국 700여 명의 학생들 중에 대체 수업을 신청한 학생은 나 혼자뿐이었다. 모두가 체육관으로 내려가서 예배를 볼 때 나 혼자 교실에 남아 있었고 대체 수업도 나 혼자 들어야 했다.

개학식 다음 날 이루어진 아침 방송에서 종교 교사는 이렇게 말했다. "요즘 〈강남스타일〉이라는 노래가 유행이죠? 그렇다면 명지

스타일은 무엇일까요? 학교의 설립 목적대로 하나님을 믿고 부모님께 효성을 다하며 사람을 내 몸같이 사랑하고 자연을 애호 개발하는 기독교의 깊은 진리로 학생들을 교육하여 민족 문화와 국민 경제 발전에 공헌케 하며, 나아가 세계 평화와 인류 문화 발전에 기여하는 성실 유능한 인재를 양성하는 것이 바로 명지 스타일입니다." 점심시간에는 음악 방송을 통해 방송부 학생들이 "방학 중에 학교가 언론에 보도된 적이 있었는데요, 모 학생이 학교에 불만을 품고 저지른 일이라고 합니다. 학교에 상처 주지 말고 학교가 싫으면 전학 가세요ㅋㅋㅋㅋㅋㅋㅋ"라는 이야기를 하기도 했다. 학생회 학생들은 학교의 앵무새처럼 예배 시간에 "학교에 상처 주는 일을 하면 안 된다"는 발언을 했고, 기독교 동아리 학생들은 SNS와 네이버 뉴스 댓글로 나를 비난했다. 더 열성적인 학생들은 기사를 썼던 기자에게 비방 메일을 보내기도 했다. 학교를 너무나 사랑한 나머지 인권 침해마저 사랑하게 되었나 보다.

수업 중에도 종교 교사, 교목, 상담 교사, 교감 등이 요구해서 계속 면담을 하러 다녔고, 면담 중 은근한 협박과 함께 다시 전학도 권유받았다. 언론 보도가 된 것을 의식해서인지 직접적인 징계는 없었지만 교사와 학교가 정면에 나서지 않고 학생들을 이용하여 나를 학교에서 밀어내려 했다. 학교 폭력을 막아야 할 학교가 오히려 학교 폭력을 조장하고 있었던 것이다. 학내 여론을 돌려 보려고 새벽에 학교 근처 버스 정류장 등지에 학교의 인권 침해와 사실 은폐, 보복을 비판하는 대자보도 붙여 보고 전단지도 뿌려 봤지만 학생들의 여론은 바뀌지 않았다. 오히려 2, 3학년 학생들이 전단지를 뿌린 게 누구냐며 교실에 찾아오기도 했다. 교사들은 "학생이 이렇게 맞춤법을 잘 알 수 없다"는 어이없는 말을 하며 불교단체가 학교에 잠입해서 전단지를 뿌리고 대자보를 붙인 거라고 주장했다. 여론이 이렇게 기울자 나에게 인권 침해 사실을 써 주고 응원해 줬던 학생들마저 "언제까지 학교 이미지에 상처를 입힐 것이냐", "입학사정관제에서 불이익을 받으면 어떻게 할 것이냐"라며 등을 돌렸다.

학교에서 학생들에게 공식적으로 의식화 교육을 하기도 했다. 8월 30일에는 〈한겨레〉의 보도와 교육청의 시정 명령 등을 규탄하기 위해서 전국의 기독교 학교들이 모여서 '기독교 학교 탄압 저지 결의대회'를 열었는데, 학교 측은 그때 배포됐던 자료집과 함께 내가 부흥회에 억지로 참석한 뒤 꾸역꾸역 써서 낸 감상문까지 찾아내서 나의 동의도 받지 않고 학생들에게 수업 중에 보여 주며 의식화 교육을 했다. 학교는 학생인권교육센터에서 학교를 방문해 컨설팅 장학을 했는데도 학칙조차 개정하지 않았다. 두발과 복장을 제한하고 종교를 강요하는 등의 인권 침해 행위를 거의 시정하지 않았고, 시정하려는 노력도 하지 않았다. 여름에 진정을 넣었던 국가인권위원회는 10월이 되어서야 학교를 찾아와 뒷북을 쳤다. 조사관도 명지고의 인권 침해 사실을 조사하려는 의지가 별로 없어 보였다. 인권은 인간이 인간이라는 사실 하나만으로도 누려야 하는 가장 기본적인 권리라는 것을 누구보다도 잘 알고 있을 국가인권위원회 조사관이 "교육을 위해서는 어느 정도 권리가 제한될 수 있다"고 말했다. 또한 국가인권위원회가 입법부·행정부·사법부에서 독립된 기구라는 것도 누구보다 잘 알고 있을 분이 "교과부와 교육청의 입장이 서로 달라서 힘들다"는 소리를 했다. 역시 국가인권위원회에 기대하면 안 되는 것이었다.

도망치다

여전히 나에 대한 학생들의 여론은 좋지 않았고, 나도 부모님도 지칠 대로 지쳐 버렸다. 학교로부터 당하는 인권 침해에 분노하는 학생들은 여전히 존재했지만 나처럼 교사와 다른 학생들, 믿었던 친구들에게 비난받고 싶지 않아서인지 직접 행동하려 하진 않았다. 이제는 더 이상 학교 안에서 뭔가를 할 수 없을 것 같았다.

부모님과는 사이가 더욱 틀어져 버렸다. 그러다 10월 하순의 어느 날 학교에 무단으로 가지 않았다. 일련의 일들을 겪으면서도 내가 평범하게 학교를 다니길 바랐던 엄마는 내가 학교에 가지 않았단 것을 알고 매우 화를 내며 집에 들어오지 말라고 나를 때렸다. 그리고 나는 그대로 탈脫가정을 했다. 일주일 정도 다른 청소년운동 활동가의 집에서 신세를 지다가 11월 1일에 공식적으로 명지고를 자퇴했다. 아빠가 급하게 보증금을 구해 줘서 지금은 집을 나와 혼자 살고 있다.

학교를 자퇴한 지금, 가끔 학교에 남아서 학내 운동을 더 해 봤으면 좋았을 텐데 하는 아쉬움이 들기도 한다. 그러나 다시 생각해 보면 지치고 실망한 그 상태로 학교 안에 남아 봤자 무엇을 더 할 수 있었을까 하는 생각도 든다. 자퇴한 이후 간간히 듣는 소식으로는 모의고사를 치른 후 성적을 1등부터 150등까지 교무실 옆 벽에 공개적으로 붙여 놓았는데 아무도 문제 제기를 하지 않았다고 한다. 문제의식을 갖고 있는 학생들이 결코 없진 않을 텐데 다들 나처럼 될까 봐 침묵하는 것 같다. 대다수가 문제라는 것을 알고 있지만 침묵하고, 누군가 문제 제기를 하면 그 사람은 조직의 배신자가 된다. 철저히 따돌려지고 무시당하고 외면당한다. 지금의 학교는 그런 곳이다.

| 2013년 1·2월, 《오늘의 교육》 12호 |

홍서정 청소년녹색당

2012년 11월 1일까지 기독교계 사립학교인 명지고등학교에 다니면서 학내 운동을 했습니다. 현재는 녹색당 안의 청소년 당원 조직인 청소년녹색당에서 청소년 참정권을 쟁취하기 위한 활동을 하고 있습니다.

왜 그들은
교학사 교과서를
거부했을까

재학생들의 반대 운동을 바라본 한 졸업생의 기록

성동석 대학생

시작하기 전에 – 글을 쓰는 나는 누구인가

지금부터 쓸 글은 경기도의 한 고등학교가 교학사 교과서를 채택하면서 그 학교에서 며칠 동안 벌어졌던 일에 대한 것이다. 나는 어쩌다 보니 이 일에 '졸업생'이라는 애매한 입장으로 함께하게 되었다. 당사자인 재학생들이 아니라 내가 글을 쓰게 된 것에 대해 우선은 이 일에 어떻게 참여하게 되었는지 간단한 배경 설명이 필요할 것 같다.

고등학교를 다닐 때 나는 생각하는 바를 그대로 내뱉는 녀석이었다. '하지 않을 수 없다'는 말을 시도 때도 없이 사용하는, 당위에 의해 움직이는 사람이었다. 그 시절 나는 토론을 할 수 있다는 데혹해서 시사 토론 동아리에 들어가게 되었다. 이때도 나는 당위를따라 움직였다. 시사 토론 동아리의 특성상 사회 이슈를 다룰 때가 많았는데, 이때도 후배들에겐 객관적인 자료를 기반으로 타당한 근거를 밝히는 게 토론의 출발이라고 가르쳐 놓고 막상 토론을할 때 나는 상당 부분 당위로 맞섰다. 이런 나의 행동과 태도를 돌아보게 된 건 고등학교를 졸업하고 재수를 하면서였다. 여러 사회문제에 대해 제법 강경한 입장을 가지고 있던 나는 재수라는 과정을 거치면서 상당 부분 온건해졌다. 과거에는 '역사에 무임승차를해서는 안 된다. 그러나 많은 사람들이 무임승차를 하고 있다. 따라서 그들은 잘못되었으며 나는 그러지 않겠다'는 식의 사고가 머릿속에 박혀 있었다. 재수 기간은 이러한 생각에 대해서 돌아볼 수있는 계기가 되었다. '잘못된 것'과 '옳은 것'으로 분명하게 선을 긋고자 한 나의 태도에 의문을 가지기 시작했다. 사람마다 처한 환경이 다르므로 다양한 시각과 관점이 존재할 수 있는데, 그런 부분을 너무 간과했다는 반성이 들었다. 앞으로 무엇을 하건 힘을 빼야겠다 싶었다. 당위로 움직이는 운동은 순간적인 추진력을 받지만,금방 식을 수 있단 것도 깨달았다. 여기까지가 이번 일에 참여하기전 나의 상태였다.

새해 첫날, 마른하늘에 날벼락

새해가 밝았다. 송년회를 마치고 새해 첫날 새벽 6시에 집에 들어와 늦게까지 자다 일어나 '모닝' 페이스북을 했다. 뉴스피드에 시사 토론 동아리를 같이했던 후배의 글이 떴다. 모교에서 교학사 한국사 교과서를 채택하기로 했다는 소식이었다. 이 글을 본 당시의 나는 매우 무감각해 있었다. '아 그렇구나'가 내 반응의 전부였다. 그리곤 여느 때와 다름없이 스마트폰의 아랫부분을 무심하게 터치하면서 뉴스피드의 다른 글들을 보고 있었다. 그때 울리던 카톡. 방금 글을 올린 후배였다. 우리 학교의 교학사 교과서 채택에 대해서 학생들이 대응을 하려고 하니 할 수 있는 한 힘을 써 달라는 내용이었다. 일단은 함께 대응할 사람들이 모여 있다는 카톡 단체 채팅방에 들어가 보기로 했다.

처음 사람들을 모은 건 2학년 학생이었다. 그 후 여러 사람의 연락을 거쳐 단체 채팅방이 만들어진 것이었다. 내가 활동했던 시사토론 동아리 '센세이션'과 경제 토론 동아리 '루크라티브', 두 동아리가 교학사 교과서 채택 반대 운동의 주축이 되었다. 이때쯤 홍보와 논의의 중추 역할을 할 온라인 카페도 개설됐다.

50명가량의 재학생들이 모여 있는 단체 채팅방에는 불이 나고 있었다. 교학사 교과서를 채택한 데 대해 단순히 분개를 표출하는 것에서부터 대응의 수위를 어느 정도로 조절해야 하는가에 대한 구체적인 논의까지 이루어지고 있었다. 난 살짝 좋지 않은 느낌이

들었다. 교학사 교과서를 채택한 학교와 교과서를 발행한 교학사, 그리고 그 뒷배경이라 추정되는 뉴라이트 세력 자체에 대한 학생들의 반감이 너무 강해 보였다. 나의 그릇된 판단이었을지도 모르지만, 내가 과거 그랬던 것처럼 학생들이 섣부른 당위로 행동하지 않을까 염려가 되었다.

교학사 한국사 교과서. 친일과 독재를 미화하는 사관에서 기술된 교과서이다. 나는 이 교과서의 편찬과 채택 그 자체는 반대하지 않는다. 다만, 이 교과서에 서술된 입장에 동의하지 않을 뿐이다. 당시 재학생들의 논의를 보며 내가 한 생각은 교학사 교과서의 내용 자체를 걸고넘어지는 것으로 교과서 채택을 철회하는 것은 무리라는 것이었다. 교과서 채택 과정에서 절차상 문제가 있었음을 지적하는 편이 확실한 방법이라 생각했다.

막자

상황에 대한 정확한 이해가 필요했다. 학생들이 말하는 정황뿐만 아니라 학교의 사정을 구체적으로 듣고 싶었다. 고3 때 담임 선생님께 전화를 걸었다. 대학 입시 때문에 담임 선생님과 계속 연락을 주고받았던 터라 자연스럽게 이번 교학사 교과서 이슈에 대해서 물어볼 수 있었다. 재수 학원에서도 교학사 교과서가 큰 논란이 됐었다면서 은근슬쩍 모교의 한국사 교과서 채택에 관한 상황을 선생님한테 물어보았다. 교학서 교과서가 채택된 정황은 많은 학생들이 예상한 대로였다. 재단의 압력이 있었고 역사 교사들은 이에 굴복할 수밖에 없었다. 재단이 교장과 교감의 입지를 거론하며 협박 아닌 협박을 했다고 한다. 이에 교장과 교감은 역사 교사들에게 교학사 교과서를 채택은 하되 수업에서 사용은 하지 않는 방향을 권유했다고 한다. 앞으로 한국사 시간에는 교과서가 아니라 입시 준비 목적으로 고른 부교재를 사용한다는 것, 따라서 교학사 교과서를 채택한다고 해도 실질적으로 사용하지는 않는다는 것이었다.

해당 과목 교사들이 학교에서 사용할 교과서 후보 3종을 뽑아 순위를 매겨 학교운영위원회의 논의에 부치는 것이 모교의 교과서 선정 절차이다. 관례상 해당 과목 교사들이 추천한 1순위 교과서가 학운위에서 채택된다. 모교의 역사 교사들은 수차례 열린 학운위에서 1순위에 미래엔 교과서를 넣고 2, 3순위에 교학사 교과서가 아닌 다른 교과서를 넣었으나, 계속된 압력에 굴복하여 교학사 교과서를 결국 3순위에 집어넣게 되었고, 3순위 교과서인 교학사 교과서를 학운위에서 채택했다. 이례적인 상황이었다.

그러나 담임 선생님께 들으니 교과서 채택은 학교의 고유 권한이기 때문에 교육청에서 제동을 걸기 힘든 사항. 만약 교과서 채택 과정에서 재단의 압력이 있었다는 사실이 밝혀진다 하더라도 교육청은 경고를 하는 정도만 가능하다는 것이었다. 현실적으로 채택을 철회하게끔 할 수 있는 수단은 없다는 의미였다.

당시 내 판단으로는 결론이 이미 난 것이었다. 당시 학교 밖의 상황을 고려할 때 판이 전국적으로 커지지 않는 이상 현실적으로 학교의 결정을 되돌리기는 어려워 보였다. 결정이 번복되기 힘들 듯한 상황에서 괜히 싸움에 나선 학생들만 징계를 받고 끝나는 게 아닐까 걱정이 되었다. 부교재 건도 걸렸다. 교장이 부교재 사용을 권유한 마당에 수업 시간에 실질적으로 교학사 교과서를 사용할 일은 없을 텐데 굳이 학생들이 나서야 하는지 고민이 됐다. 그렇다면 내가 할 일은 재학생들의 직접행동을 막는 것이다 싶었다.

그날 오후 4시에 시간과 여건이 허락되는 몇몇 학생들이 만나기로 했다. 나를 포함해 8명의 재학생, 졸업생이 모였다. 부교재를 사용하기로 했다는 사실은 일부 학생들만 알고 있었다. 나는 담임 선생님과의 통화 내용을 토대로 정확한 상황을 이야기했다. 부교재 이야기를 하니 학생들의 의욕이 상당히 떨어졌다. 나는 직접행동이 가져올 위험성을 경고하기도 했다. 반반 정도로 의견이 갈렸다. 여기서 해산하자는 쪽과 학교에 약간의 항의 표시 정도는 하자며 각 동아리 명의로 대자보를 붙이는 쪽으로. 둘 사이의 의견 차이가 크지는 않아서 대자보는 붙이되 어찌 되었건 학교의 결정에 대항해 직접적인 투쟁은 하지 않는 선으로 마무리를 했다. 그때는 그게 최선이라고 생각했다. 학생들 사이에서 이러한 시도가 있었다는 것 자체에 의의를 두기로 했다.

처음 이 운동을 주도한 학생 하나가 살짝 걸렸다. 얼굴에 아쉬운 표정이 역력했다. 대자보를 붙이기로 하긴 했지만 적극적인 투쟁을 하지 못하는 데 아쉬움이 큰 것 같았다. 나의 말 몇 마디가 순수한 의도에서 활동을 하고자 하는 재학생들의 동력을 꺾어 버린 것이

아닌가 싶었다. 애초에 어떠한 개입도 하지 말았어야 한다는 회의
도 들었다.

운동의 방향이 바뀌다

새해 둘째 날 아침, 일어나 보니 전날 밤에 카톡 하나가 와 있
었다. 어제 만남을 통해 새로 알게 된 3학년 후배에게서 온 것이었
는데 상황의 급박함을 알리는 내용이었다. 같은 재단에 소속된 여
고에서도 교학사 한국사 교과서를 채택했는데, 이를 반대하는 대
자보가 붙었다가 학교 측에 의해 철거되었다는 것. 그 학교 재학생
이 내 후배에게 연락을 해 왔고, 후배가 그 사실을 나에게 알려 준
것이었다.

수업이 없었던 3학년 학생들끼리 대응을 위해 학교에 모였다. 갑
론을박이 있었지만 내가 잠시 후에 연락받은 내용은 일단 여고의
대자보 철거 건에 관해서 대응을 하지 않는다는 것이었다. 어떠한
경우에도 후발 대응을 하지 않는다는 이야기는 아니고, 다른 학교
나 사회 전체적인 분위기를 살펴 다음 판이 짜지기 전까지는 대응
을 하지 않는다는 것이었다.

오전 10시 즈음에는 3학년 전前 학생회가 개입을 했다. 반대 운동
의 방향이 급선회했다. 학생회 개입을 전후해서 전국적으로 판이
커진 것이 그 이유다. 나 또한 상황에 급속히 빨려 들어갔다. 옆 여
고에 붙었던 대자보는 학교 측이 철거한 것으로 언론을 통해 전국

적으로 보도되었다. 이 보도는 전국 곳곳에서 연이은 반대 운동이 벌어지는 도화선이 되었다. 교학사 한국사 교과서를 채택한 고등학교 명단이 인터넷에 나돌았다. 상당수 학교가 학부모들과 졸업생들의 항의에 시달리고 있었다. 재학생들로부터 학교로 와 달라는 연락이 왔다. 점심시간에 학생회, 센세이션, 루크라티브 소속 학생들을 비롯하여 어제 모인 8인과 반대 운동에 관심 있는 학생들이 모였다. 난 센세이션의 전 기장 자격으로 참가했다. 대학생인 루크라티브 전 기장도 왔다. 운동의 방향을 두고 갑론을박이 이어졌다. 소모적인 논쟁이 지속되는 듯한 느낌이 들었다. 나는 직접적인 개입을 해서는 안 된다고 스스로 선을 긋고, 중간중간 논의가 매끄럽게 진행될 수 있도록 의견들을 정리했다. 학생회의 대표성에 관한 논쟁도 있었으나 시간 문제로 빠르게 마무리를 하고 지나갔다. 학생회는 학생회 명의로 대자보를 쓰고, 센세이션과 루크라티브는 함께 대자보를 써서 다음 날 붙이기로 하였다.

함께 머리를 맞대고 쓴 대자보

장소가 마땅치 않아 대자보는 우리 집에 모여 쓰게 되었다. 대자보를 만드는 과정은 나름 재미가 있었다. 교복을 입은 친구들과 일을 하는 것이 즐거웠다. 고등학교로 다시 돌아가고 싶다는 생각도 들었다. 대자보 내용에 대해서 상의를 했다. 앞서 있었던 회의에서 논의된 내용을 충분히 반영했다. 루크라티브 졸업생 기장이 대자

██고 교복이 부끄럽습니다

██고 교복이 자랑스러웠습니다.

훌륭한 선생님들께 배우고 좋은 친구들과 함께 뛰놀고 공부하면서 지식과 교양을 배우고 많은 대학생활을 꿈꿉니다. 이제 ██교 교복이 부끄럽습니다. 우리학교가 전국 1%의 학교가 되었기 때문입니다. 세월호 참화과 친일을 미화 하고, 동료과 쿠데타를 정당화 하는 교학사 교과서를 학교 재단이 채택하려고 하고 있습니다.

██고는 이제 집필진 마저 부끄럽다고 고백한 역사 교과서를 채택한 전국 1%의 학교가 되었습니다. 우리는 정치를 이야기 하고 있는 것이 아닙니다. 상식과 교육을 이야기하고 있습니다. 우리는 올바른 역사를 배우고 싶습니다. 정의로운 가치관을 배우고 싶습니다. 우리 후배들 에게. 교고 우리 자손들에게 떳떳하고 당당한 역사를 교육받았으라고 말하고 싶습니다. 자랑스런 ██의 교복을 입게 해주십시오.

██고등학교 학생회와 ██등학교를
사랑하는 학생들.

교학사 교과서 채택의 부당함을 주장하는 학생회의 대자보.

보를 만들어 본 경험이 있어서 도움을 주었다. 재학생들로부터 교학사 교과서 채택 반대 서명을 받을 용지도 필요해서 그것 또한 준비했다.

학생회 명의로 쓰인 대자보에는 교학사 교과서 채택으로 우리 학교가 전국 1%의 학교가 되었다는 내용이 있었다. 당시 전국 800여 개 고등학교 중 교학사 교과서를 채택한 학교가 10여 군데였으

니 1% 정도가 되는 것이다. 센세이션과 루크라티브 명의의 대자
보는 건학 이념을 바탕으로 교학사 교과서 채택의 부당함을 주장
했다. 진정으로 학교가 건학 이념을 바탕으로 학생들을 교육하고
자 한다면, 교학사 교과서를 채택해서는 안 된다는 논리였다.

　재단에서 왜 교학사 교과서를 채택하고자 압력을 넣었는지에 대
해서는 우리 내부에서도 말이 많았지만 정확히 알 수는 없었다.
다만 우리가 추측해 본 것은 재단에 실질적인 영향력을 행사하고
있는 재단 설립자와 교학사 간에 커넥션이 있었을 것이라는 정도
였다. 모교의 설립자가 뉴라이트 계열 단체인 한국자유총연맹의
서울지부장을 역임한 적이 있단 사실도 우리의 추측에 설득력을
더해 줬다.

　'파닭'을 먹으면서 앞으로의 운동 방향에 대해 논의했다. 대자보
를 붙일 장소와 인원 등을 점검하고 가능한 한 모든 언론에 이 사
실을 알리기로 했다. SNS 대응도 시작했다. '교학사 교과서 반대
투쟁 모임'을 페이스북에 만들고 초대할 수 있는 재학생은 모두 초
대했다. 반대 서명은 2, 3학년은 3학년이, 1학년은 2학년이 받기로
했다. 선배가 나서야 서명 운동이 원활하게 진행될 수 있겠단 판단
에서였다. 언론에 보도되기 위한 작업도 했다. 내일(1월 3일) 교내에
대자보를 붙일 예정임을 언론사들에 알렸다.

　그때 페이스북을 보던 한 학생이 갑자기 여기를 주목해 보라며 소
리쳤다. 옆 여고의 한 역사 교사가 자신의 담벼락에 양심선언을 올
렸다는 것이다. 교사의 글 마지막에 있던 "갑오년 동학농민운동이

일어난 지 120년이 되는 해입니다"라는 구절에 재학생들은 역시 역사 교사라 '클라스'가 다르다며 환호했다. 나는 이 글귀를 100여 년 전 농민들이 그랬던 것처럼 학생들이 들고일어나 이 문제를 함께 풀어 가 주기를 바란다는 의미로 받아들였다.

'3분 컷' 그리고 채택 철회

대자보를 붙이기로 한 날이 밝았다. 예상외로 단체 채팅방이 조용했다. 오전 7시 반쯤 되었을 때 학교 앞 편의점에 붙인 대자보가 훼손되었다는 연락을 받았다. 곧이어 화장실 앞에 대자보를 붙이려던 팀도 순찰을 돌던 교감에 걸려 제지를 당했다는 카톡이 떴다. '3분 컷'이라는 이야기가 나돌았다. 전날 여고는 10분, 모교는 3분 만에 대자보가 떨어져 나갔다. 전날 여고에서 대자보를 붙인 일과 모 역사 교사의 양심선언으로 인해 우리 학교 윗선들의 신경이 곤두서 있었던 탓이다. 학생들 사이에선 부정적인 기류가 감돌기 시작했다.

모교의 입장은 확고했다. 교과서를 채택하는 과정에서 외압은 전혀 없었으며 교학사 교과서를 '공정하고 엄중한 잣대'에 의해 결정했다는 것이다. 학교 내부의 일에 교육청과 외부 세력이 간섭하는 것에 대해서도 부정적인 입장을 밝혔다. 학부모와 졸업생들이 학교에 항의 전화를 했을 때 돌아온 답변도 이와 같았다고 한다.

교감은 대자보를 붙이려 했던 학생들을 교무실로 데려갔다. 교학사 교과서를 보여 주면서 이게 어떻게 친일과 독재를 미화하는 교과서냐며 설득을 시도했다. 학생들이 교학사 교과서의 내용에 대해서 문제의식을 가지고 있는 건 맞지만 상당수 학생들은 학교가 교학사 교과서를 채택한 경위와 절차의 문제 또한 지적하고 있었다. 그러나 교감은 그에 대해선 언급하지 않고 교과서를 옹호하는 이야기만 한참 했다.

학교 내부의 반발과 외부의 항의 전화를 의식한 탓인지, 학교 측은 일단 학생들을 돌려보내고 회의에 들어갔다. 회의에서 뭔가 결정이 나올 때까지 반대 운동은 잠정 중단하기로 했다. 10시부터 12시까지 꽤나 긴 시간이 걸린 회의였다. 동문회에서도 학교에 항의 방문을 해 왔다. 우리 학교도 개교한 지 30여 년 가까이 되었다. 지역 사회에서 동문들의 힘이 크진 않더라도 무시는 못 할 정도이다. 곧이어 지역구 국회의원도 학교를 방문했다. 교학사 교과서에 대한 이야기는 없었지만 반대 운동을 한 학생들에게 부당한 해가 가지 않게 해 달라는 당부가 있었다.

오후 1시쯤 되었을까. 뉴스에 모교가 교학사 교과서 채택을 철회했다는 기사가 떴다. 갑자기 뜬 기사이고 학생들에게는 별다른 연락이 없었기에 그때까지도 사실 여부를 속단할 수 없었다. 2시가 되자 모교가 교과서를 재심의하고 있다는 기사가 떴다. 교감을 직접 인터뷰한 기사라 믿을 수 있었다. 단체 채팅방에 불이 났다. 순간순간 포기와 재기를 반복한 반대 운동이 성공으로 끝났다.

다만 우리가 생각한 바를 실천한 것일 뿐

너무 단단하면 부러진다. 우리들이 당연히 옳다는 생각은 그것이 살짝이라도 삐걱거리는 순간 와르르 무너진다. 사회의 변화를 부르짖는 사람들이 자신들의 '당위'를 절대시하는 순간 운동은 자멸한다고 본다. 나는 사람들이, 특히 내 주변의 사람들이, 본인들이 하고자 하는 일을 다른 이들에게 당위로서 강요하는 것에 반대한다. 당위는 순간의 불은 낼 수 있어도 지속적인 사회 변화의 원동력이 되지는 못한다. 현 사회를 유지하고 싶든, 변혁을 추구하고 싶든 어떤 사람의 생각도 완벽하고 정당할 수는 없다. 자신의 생각이 변화할 여지는 전혀 두지 않으면서 타인을 가르치려고만 든다면 그것은 진보가 아니라 계몽에 불과하지 않을까. 이번에 재학생들의 반대 운동에 함께하는 내내 그런 생각을 했다. 교학사 교과서 채택에 반대하는 것도 나와 운동에 가담한 학생들의 생각일 뿐, 절대적으로 옳은 유일한 답은 아니라고.

나중에 들은 사실이지만, 실제 학내에서도 충분한 설명 없이 서명 운동이 벌어진 까닭에 대자보 사태에 대해서 제대로 이해를 하지 못한 학생들이 많았다고 한다. 교학사 교과서에 별 반감이 없는 학생들도 있어서 반대 운동에 거부감이 큰 학생도 상당수였다. 나는 이들이 소위 말하는 '개념이 없는' 사람들이라고도, 이해할 수 없는 사람들이라고도 생각하지 않는다. 우리는 우리가 생각하는 바를 실천에 옮겼을 뿐이고, 우리와 생각이 다른 더 많은 사람들이 우리와 함께하길 원한다면 그들을 설득할 수 있는 방법을 고민해야 하는 것이다.

내가 후배들 앞에서 반복해서 꺼낸 말이 있다. "너희들은 잘못된 것을 바로잡고자 하는 사람들이 아니다. 너희들은 단순히 생각을 실현하고자 하는 자들이다." 학생들은 일이 끝난 후 '우리가 옳은 일을 했다', '당연한 일을 했다'고 평하지 않았다. 자신들이 문제라고 생각하는 일에 개입해 자신들의 주장을 관철시켜 원하는 결과를 이끌어 냈다는 데 만족했을 뿐이다. 나도 이번 반대 운동이 '정의를 쟁취해 낸 일'이라고 생각하지 않는다. '역시 사회를 변화시킬 주체는 청소년이다'라며 학생들을 기특하게 여기거나 과하게 의미를 부여하지도 않았으면 한다. 학생들이 자신들의 목소리를 꺼냈고, 그로 인해 뭔가 변화하는 것을 경험했다는 것, 이 정도가 내가 느낀 이번 반대 운동의 의미일 듯싶다.

• 사족 모교의 이름을 직접적으로 밝히지는 않았다. 재단의 압력에도 신념을 굽히지 않은 다수 선생님에 대한 최소한의 예의라고 생각해서다.

| 2014년 3·4월, 《오늘의 교육》 19호 |

성동석 대학생

고등학교 때는 교사들과의 은근한 마찰, 졸업한 뒤 재수생 시절에는 교학사 한국사 교과서 반대, 그리고 그걸로 끝일 줄 알았는데 대학에 와서도 총장실 점거를 하다 5주의 유기 정학을 당하는 등 '조용하게' 살고 있음. 스카웨이커스, 언니네이발관을 좋아함.

학생은
말할 수
있는가

여전히 '안녕하지 못한' 나의 이야기

이만희 대학생

지난해 말 '안녕들 하십니까'로 시작하는 한 대학생의 대자보가 붙은 이후, SNS에 대자보들이 이어서 올라오는 것을 보면서 학생/청소년의 목소리를 담은 대자보를 쓰고 싶다는 생각이 들었다. 그렇지만 막상 실행에 옮기려니 고민이 됐다. 여러 일들을 겪으면서 이제 더 이상 학교에서 할 수 있는 일이 없다고 생각하던 중이었기 때문이다. 그래도 결국 대자보를 쓰게 되었고, 학생부장의 손에 대자보가 뜯겼다. 교무실로 불려 간 나는 굴욕적인 각서를 쓰고 현재는 학교에서 죽은 것이나 다름없게 살고 있다. 학교의 눈치를 보면서. 별로 떠올리고 싶지 않은 기억이지만 그래도 조금은 시간이 지난 지금, 내가 대자보를 붙이기까지의 과정, 그리고 그 이후의 이야기를 꺼내 볼까 한다.

학교에 찍히다

중학교 때부터 역사나 정치에 관심이 많았는데 내가 배운 걸 실천해 볼 기회는 없었다. 고등학교에 입학하기 전날이었을 것이다. 지역의 시의원분과 어쩌다 연이 닿아 처음으로 1인 시위라는 것을 해 보게 되었다. FTA에 관한 내용이었다. 마트 앞에서 했는데 본 사람들이 제법 많았나 보다. 다음 날 학교에 갔더니 아이들은 내가 1인 시위를 한 것에 대해 이야기를 하고 있었고 수업 도중에 교사들에게도 말하는 등 관심을 보였다. 어떤 교사나 학생들은 "그런 건 왜 하느냐", "그딴 거 해 봤자 안 바뀐다"라며 비아냥거리기도 했다. 난 별로 신경 쓰지 않긴 했지만. 지방선거와 대선 때는 청소년의 정치적 권리를 주장하는 1인 시위를 했다. 물론 그때도 돌아온 것은 비아냥거림과 냉소였다.

내가 입학한 학교는 경남의 한 인문계 고등학교였는데, 학기 초라 그런지 교사들이 학생들을 통제하기 쉽게 하기 위해서 일본이 식민지 통치 때 했을 법한 공포 정치를 행하고 있었다. 복도에서 떠들면 다른 반 애들이 공부하는 데 방해를 했다면서 욕을 듣거나 매

를 맞았고, 야자 시간에 떠들 경우 복도에 나와서 뒷짐을 지고 무
릎을 꿇고 머리를 땅에 박고 있어야 했다.

　이러한 일들이 있을 때마다 아이들의 불만은 점점 쌓여 갔다. 그
러던 중 자습 시간에 우리가 떠든 것을 두고 학년부장이 복도로
반 전체를 나오게 해 엎드려뻗쳐를 시켜 놓고 매로 때리는 일이 발
생했다. 반 전체 학생들의 엉덩이에 피멍이 들었다. 반장은 책임을
다하지 못했다는 이유로 세 대나 맞았고 세 줄로 멍이 들었다. 이
에 반 애들 전체가 분노했고, 한 명이 경찰서에 가자는 이야길 꺼
냈다. 누가 갈 것이냐를 두고 이야기하다 반장과 그 친구, 그리고
내가 경찰서에 가게 되었다. 경찰서에서 우리가 학교에서 겪은 체벌
을 이야기하니 경찰은 어이가 없다는 듯이 비웃으며 고소할 거냐
고 물었다. 그 당시의 우리들은 그건 너무 심한 게 아닌가 싶어서
결국 민원 상담 정도로만 하고 나왔다. 생각해 보면 참 바보 같은
짓이었다.

　문제는 다음 날 학교에서 기다리고 있었다. 수업 도중에 한 교사
가 어제 경찰서에 찾아간 애들이 있다면서, 누군지 아냐고 아이들
에게 캐물었다. 아이들은 나를 지목했다. 배신감이 들었다. 별도의
징계 같은 건 없었지만 안 그래도 1인 시위 때문에 교사들에게 찍
혀 있던 나는 이 일까지 더해져 그때부터 걸핏하면 고소를 하는
아이가 되어 버렸다.

학교의 '압박 수사'

그 밖에도 일일이 다 열거할 수 없는 여러 가지 일들이 있었고, 나는 2학년이 되었다. 학교에서는 이미 유명해진 상태였다. 2학년이 되어선 인권 문제에 관심 있는 아이들을 모아 동아리를 만들었다. 힘들게 사람들을 모아서 만들어진 동아리였다.

처음엔 같이 학생인권 관련 자료들을 찾아서 보고 의견을 나누거나 지역의 문화센터 같은 곳에서 영화를 보고 같이 이야기하는 정도의 모임을 가졌다. 그러다 학교에서 무언가 해 보자는 의견이 나와 학생들을 대상으로 학교에서 느끼는 불편함, 바뀌었으면 하는 것 등을 묻는 설문지를 만들어 돌리기로 하였다. 그리고, 결론부터 말하자면 이 일이 발단이 돼 어렵게 시작한 동아리 활동은 제대로 해 보지도 못한 채 끝이 났다.

동아리 아이들과 설문지를 돌리고 조사를 하던 중에 다른 반 친구로부터 충격적인 소식을 듣게 되었다. 수업 중에 한 교사가 지역 차별성 발언을 했고 그것 때문에 전라도 출신 부모님을 둔 어떤 아이가 눈물을 흘렸다는 것이었다. 이 소식을 내가 SNS에 올려서 다른 사람들과 이야기를 하게 되었는데, 다들 이 건은 언론에 보도 요청을 해 보는 게 좋을 것 같다고 했다. 나도 이에 공감을 했고 처음 이 일을 말해 준 친구를 설득하여 신문사와 인터뷰를 해 기사화했다.

학교는 뒤집어졌다. 수업 시간에 그 반의 아이들은 장학사에게 불려 가서 조사를 받아야 했고, 학생부장은 나를 불러 설문 조사를 했는지 물었다. 나는 그렇다고 이야길 했고 학생부장은 설문지를 내놓으라고 했다. 나는 재빠르게 신상 정보가 있는 설문지들을 숨겼고 신상 정보가 없는 설문지만 학생부장에게 압수당하였다.

교장은 이 보도 요청을 내가 한 건지 집중 추궁하였다. 나는 모르는 일이라고 했다. 그러자 교장은 학교장의 재가 없이 설문 조사를 한 것을 문제 삼아 동아리를 강제. 해산시켰다. 학교가 사건이 있었던 반의 아이들을 계속 추궁하면서 압박을 주자 인터뷰한 친구도 스트레스가 극에 달했다. 교사들은 그 친구를 수시로 불러서 인터뷰를 했냐고 재차 물어 댔다. 결국 나는 동아리가 해체되는 것과 나의 권유로 인터뷰를 한 친구가 힘들어하는 것을 보면서 안 되겠다 싶어 교장에게 내가 보도 요청을 했다고 말했다. 나 혼자서 다 한 것이라고.

교장은 나에게 말했다. 앞으로 학교에서 교사나 학생들에게 안 좋은 소리를 들을 수도 있다고, 그러나 그건 네가 감수해야 한다고. 어이가 없었지만 별수도 없었다. 친구에게 인터뷰를 부탁하면서 친구에게는 해가 가지 않게 하겠다고 약속을 했기에 아무 말도 할 수가 없었다. 교장에게 동아리 아이들에게는 뭐라 하지 않기를 부탁했지만 이조차도 거부당했다. 학생부장이 동아리를 같이 하던 아이들을 모두 불러서 나에 대해서, 동아리에 대해서 물으며 압박을 했고, 이에 학생부장을 만나고 온 어떤 아이는 SNS에서 모든 걸 내 탓으로 돌리며 비아냥거렸다. 나는 아무 말도 할 수가 없었다. 그 친구에게 화가 나기보다 얼마나 심적 압박이 심했으면 나에게 저렇게까지 말할까 싶었다.

이 일이 있은 후 급식소를 가기가 너무 힘들었다. 다른 사람들을 만나기도 힘들었다. 교실 한구석에만 계속 머물며 사람을 피했다. 몸과 마음이 너무 지쳤다. 이때부터 반년 정도를 아웃사이더로 살았다.

"안녕들 하신가요?"

무력감이 들었다. 할 수 있는 게 아무것도 없다 싶었다. 다른 이들에게는 겨우겨우 괜찮은 척했지만 죽고 싶다는 생각을 여러 번 했다. 내가 왜 학교에서 이렇게 지내야 하나, 내가 했던 일이 죄였나 하는 물음들이 올라왔다. 그래도 나는 내 신념을 지키고 싶었다.

그러던 어느 날이었다. 철도노조 투쟁과 관련해서 고려대에 대자보가 붙었다는 기사를 보았다. 며칠 뒤에는 거기에 호응하는 다른 대자보들을 보았다. 여러 사회 문제에 대해서 각자의 위치에서 의견을 내고 투쟁을 지지하는 글들에 나도 공감했다. 그러다가 역사 교과서 문제에 대해서 쓴 대자보를 보았는데, 그걸 보다 이런 생각이 들었다. '나는 학교에서 있었던 일에 대해 왜 말하지 않는가. 나도 대자보를 쓸 수 있지 않을까. 쓴다면 어떤 내용을 담지?' 대자보를 쓰기까지 고민이 많이 됐다. 앞서 말했듯 내가 이 학교에서 더

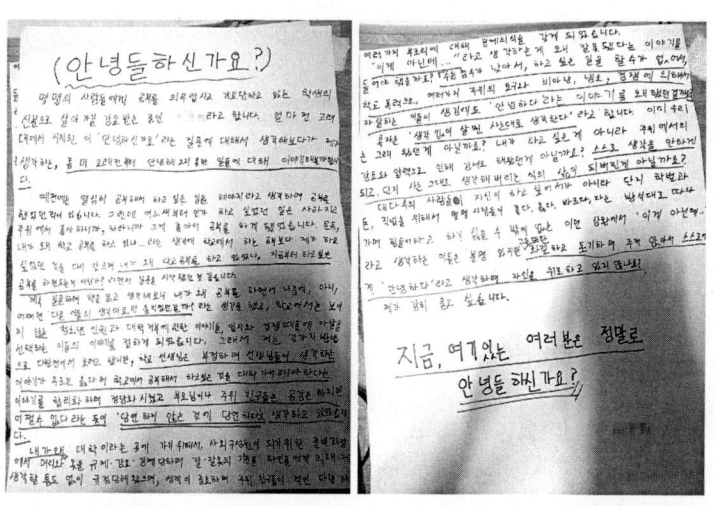

"안녕들 하신가요?"라는 제목으로 써서 학교 게시판에 붙인 대자보. 학교와 교육에 대해 문제를 제기하는 내용을 담았다.

할 수 있는 일이 있긴 할까 싶었다. 그러다 뭐랄까, 이게 마지막이라는, 이번에는 호응해 주는 학생들이 있지 않을까 하는 생각이 들었다. 결국 집에 가는 길에 종이와 펜을 샀고 밤에 대자보를 썼다. 다른 사람들이 시켜서가 아니라 내가 절박함에서 쓰는 글이었다.

"안녕들 하신가요?"라는 제목으로 글을 쓰면서 내가 할 수 있는 일이 고작 이것뿐이라는 게 서글펐다. 아마 이 글이 학교에 붙으면 반드시 떼어질 것이다. 대자보를 들고 아침 일찍 일어나 학교로 향하였다. 내용은 학교와 교육에 대해 문제를 제기하는 것이었다. 급식소 앞에 있는 게시판에 대자보를 붙였다. 대자보를 붙이고 반으로 돌아와 애들의 반응을 살폈다. 그리고 점심시간이 됐을 때 대자보가 뜯겼다는 이야기를 들었다. 조금 후에 한 친구가 와서 학생부장이 나를 부른다고 전했다.

학생부장에게 갔다. 학생부장은 이게 뭐냐며, 학교 게시판에 누구 마음대로 이런 걸 붙이냐고 말했다. 나는 게시판은 학교 구성원 누구나 쓸 수 있는 공간이라 생각했고, 학교가 민주 시민을 기르는 공간이라면 이 정도는 당연히 가능한 일이라 여겼지만 학교의 생각은 달랐다. 학교엔 민주주의가 없었다. 학생부장은 허락도 없이 대자보를 붙여선 안 된다며 나에게 잘못을 했으니 경위서를 써 오라고 했다. 어이가 없었다. 학교 교칙 어디에도 게시판 사용에 대한 규정은 없으며, 학교에 다니는 2년 동안 게시판 사용 방침에 대해 학교로부터 어떠한 공고도 들어 본 적이 없었다. 그런데 학생부장은 교사들이 교장에게 재가를 받는 방식을 이야기하며 나에게 죄를 물었다. 학교의 주인은 학생이라고 매번 이야기하던 이들이 이런 소리를 할 수 있는가.

학교의 주인은 교장이다

학교의 주인은 학생이 아니라 교장이었다. 학교를 관리하는 것은 교장이었고 학생의 어떠한 권리도 교장이 마음대로 제한할 수 있었다. 설문지를 돌리는 일도, 대자보를 게시판에 붙이는 것조차도.

학생부장이 원하는 경위서를 나름 열심히 써서 가져다줬다. 그러나 학생부장은 내가 높임말로 경위서를 쓰지 않은 것을 지적하며 다시 써 오라고 했다. 게다가 반성문도 추가로 작성해 오라고 했다. 학교에서 공고도 한 번 안 한, 있는지도 없는지도 모를 규정을 가지고 나에게 죄를 묻는 것이 기가 찼다. 그래서 경위서도 항의를 하기 위해 쓴 것이었다. 학교에 "네, 제가 잘못했습니다" 하고 용서를 구하려 쓴 것이 아니었다. 그런데 이제는 반성문도 써 오라니. 나는 학생부장이 요구하는 반성문과 경위서를 쓸 수가 없었다. 학생부장에게 쓸 수 없다고 하자 그는 잘못한 것을 잘못했다고 하는 건데 왜 못 하느냐고 추궁했다. 나는 대충 말을 얼버무리고 자리를 빠져 나왔다. 상당히 지쳐 가고 있었다.

며칠을 정신없이 보냈다. 학생부장은 끊임없이 나에게 누가 대자보를 쓰라고 했는지, 왜 허락 없이 붙였는지를 물었다. 내가 계속 원하는 답변을 하지 않자 학생부장은 나를 불러서 징계를 받을 수도 있다며, 그것을 논의하기 위해 지금 교장이 소집한 회의에 간다고 했다. 그러면서 이전에 내가 언론사에 보도를 요청했던 일을 꺼내며 아직도 학교에 대한 생각이 바뀌지 않았냐고 물었다. 나는 그때와 똑같이 학교가 하는 일들에 비판적이라고 말했다. 지치고 힘들었지만 여전히 그랬다.

회의가 끝났는지 담임이 나를 불러서 아버지를 불러오라 하였다. 교장과 부모 면담을 한다고 했다. 집에 가서 아버지에게 말하니 그는 자신이 교장과 어떻게 이야기하기를 원하느냐고 물었다. 학교가 잘못한 부분들에 대해 내 생각들을 이야기하자 그는 알겠다며 내 입장을 지지하겠단 의사를 내비쳤다.

다음 날 나와 아버지는 담임, 학생부장, 교장이 모인 교장실로 갔다. 교장실에 간 나는 내 앞에 있는 종이 뭉치에 경악했다. 내가 SNS에 쓴 글들이 모두 캡쳐되어 있었다. 말로만 듣던 '사찰'이었다. 그들은 나를 두고 자기들끼리 모여 한참 이야기를 나누었다. 그런 뒤 아버지는 어제 나와 이야기한 것과 달리 말을 바꿨다. 이야기를 들어 보니 내가 잘못한 게 있는 것 같다고, 그래도 내가 자신의 행동이 옳다고 생각한다면 자퇴를 해서 학교에 피해를 주지 말라고, 아니면 잘못했다고 하고 조용히 학교를 다니라는 것이었다. 나중에 들으니 교장이 그에게 내가 네 가지 죄를 졌다고 말했다고 한다. 첫 번째는 동아리에서 허락 없이 설문 조사를 한 것이고, 두 번째는 허락 없이 대자보를 붙인 것이고, 세 번째는 언론에 보도 요청을 한 것이고, 네 번째는 동아리에서 사상 교육을 했다는 것이다. 같이 자료나 영화를 보고 이야기를 나눈 것을 두고 그들은 사상 교육이라고 몰아갔다. 결국 아버지도 그런 말들에 마음을 바꾼 듯 했다.

나는 어쨌거나 학교를 그만둘 생각이 없었고, 결국 학교에 남는 쪽을 택했다. 교장은 나에게 자신이 하라는 대로 각서를 쓰라고 하였다. 그가 시키는 대로 쓰려는데 억울함과 분노가 미친 듯이 올라왔다. 눈물이 났다. 담임은 잠시 나를 데리고 나와선 말했다. 잘못을 안 했어도 잘못했다고 해야 할 때가 있더라고. 죽고 싶었다. 각서를 쓰는 손목을 잘라 버리고 싶었다. 입술을 깨물며 썼다. 반에 돌아가서 엎드려 울었다. 너무 서러웠기에.

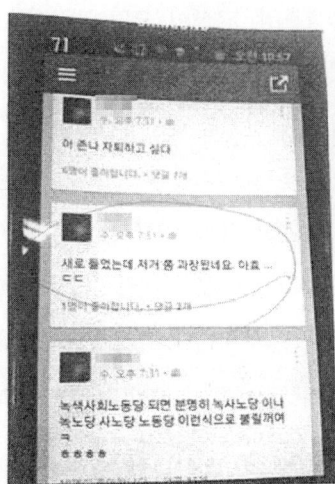
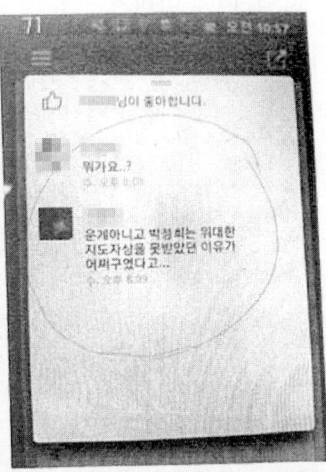
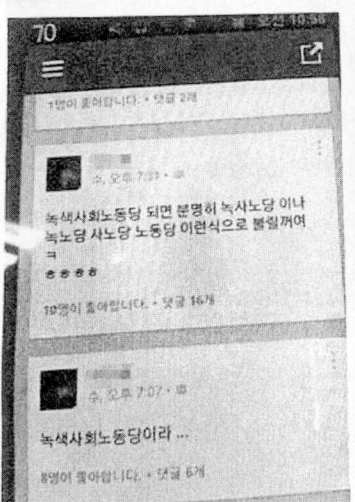

학교에서 내가 SNS에 쓴 글들을 모두 캡쳐해 인쇄해 둔 종이 뭉치.

할 수 있는 일이 없다

이 일을 겪은 후 나는 학교에서 사실상 정말 죽어 버린 존재가 되었다. 지금도 마찬가지다. '안녕들 하십니까' 대자보를 붙였다 학교 측이 징계를 시도한 서울 개포고의 학생의 경우 집단적인 대응이 따랐는데 그게 너무 부러웠다. 이 지역에서 활동하는 이가 나밖에 없어서 홀로 싸우는 기분이었다. (단체나 활동가들에게 내가 제대로 공유를 못 한 잘못이 있지만.)

지금도 학교는 학생들을 폭력으로 관리하고 있다. 반대의 목소리를 내는 학생이 있으면 여전히 '학교 명예' 따위를 운운하며. 학생들 역시 잠잠하다. 과연 학교를 학생의 손으로 바꿀 수 있을까. 이상과 현실의 괴리가 너무나도 컸다. 대구 지역 인권운동 활동가인 진냥이 내가 겪은 일을 알고 우리 학교에 항의 전화를 하고 나서 SNS에 올렸던 글 중에 "학교가 학생들을 통제하는 논리가 너무 얄팍하고 허망한데 그 힘은 너무 세고 학생은 옷 한 조각 없이 알몸으로 서 있는 것 같아 허탈하고 속상합니다"라는 대목이 있다. 나는 그 문구를 보면서 울고 말았다. 정말 그랬다.

다른 이들이 학교에서 아무 고민 없이 살지 않았으면 좋겠다. 학교의 문제점이나 자신의 인권에 대해서 한번 생각해 보면 좋겠다. 물론 당장 들고일어나 학내 운동을 하라는 이야기가 아니다. 다만 아무 문제도 못 느끼는 괴물이 되지는 말았으면 한다. 물론 나도 지금은 이렇게 아무것도 하지 못하고 있다. 하지만 혹시 내가 그랬듯 혼자 알몸으로 서 있는 것 같은 시간을 보내고 있는 이가 있다면, 여기 당신을 지지하는 이가 있음을 알았으면 좋겠다.

| 2014년 5·6월, 《오늘의 교육》 20호 |

이만희 대학생

지역에서 뭘 해 볼까 고민만 하고 있습니다.

아직도
갈 길이
멀다

광주학생인권조례 그 후

밀루 청소년인권행동 아수나로

2011년 3월, 이제 막 학교에 입학한 중학생인 나는 같이 입학하는 학생들과 반지하 소강당 바닥에 줄을 맞춰 쪼그려 앉아 A4 두 쪽에 걸쳐 적혀 있는 용의 규정을 보며 교사의 설명을 들었다. 그 규정들 중 기억나는 것을 대충 열거하자면 이렇다.

자연 그대로의 머리 상태일 것, 갈색 머리를 타고난 학생은 부모를 통해 미리 신고할 것, 어깨에 닿을 정도의 머리 길이는 묶고 다닐 것, 머리띠와 끈에는 어떤 장식이나 무늬도 없을 것, 장신구는 하지 말 것, 브래지어와 속옷은 흰색을 입을 것, 명찰을 꼭 찰 것, 블라우스와 조끼, 재킷은 허리 라인이 들어가지 않은 것을 입을 것, 속바지를 꼭 입을 것, 치마 길이는 무릎을 가릴 것, 스타킹은 살이 비치지 않을 것, 사복 외투는 교복 재킷까지 모두 입은 위에 입을 것, 바람막이 점퍼 같은 얇은 외투는 입지 말 것, 양말은 흰색을 신을 것, 신발은 운동화나 검은색 혹은 갈색 단화를 신을 것, 현관에서 신발을 벗을 것……

가장 먼저 든 생각은 '유치해'였다. 이 모든 규정들이 무슨 의미가 있는가 싶었다. 하지만 모든 것은 현실이 되었다.

"왜 샘은 파마하면서 우리는 하면 안 돼요?"

"흰 양말, 흰 속옷만 입어야 하면 다 새로 사야 하는데 그냥 있는 거 입으면 안 돼요?"

학생들의 불평에는 늘 아래와 같은 두 가지 답이 돌아왔다.

"너희 나이는 공부할 시기야. 외모 가꾸는 건 대학교 가서도 얼마든지 할 수 있지만 공부는 때를 놓치면 후회해."

"학생답게 단정한 차림을 해야지!"

유치해! 낭비야! 쓸데없어! 입으로는 불평을 하면서도 가게에 가면 흰 양말과 흰 속옷을 찾아 샀다. 규정을 바꾸고 싶다는 생각조차 못 했다. 규정을 바꾸고 학교 운영에 영향을 미칠 수 있는 사람은 교장이나 교사, 학부모회, 좀 더 나아간다면 학생회 정도라고 생각했다. 평범한 학생인 내가 학교의 일에 영향을 미칠 수 있는 건 반장 선거, 학생회장 선거 때뿐이었다. 반장 선거 공약은 늘 거기서 거기였으므로(밝은 반을 만들겠다, 대회든 공부든 1등이 되는 반을 만들겠다 등) 그나마 친하거나 성격이 좋아 보이는 사람을 뽑았다. 학생회장 선거는 그나마 연설을 잘한 사람, 화장실에 휴지를 비치해준다는 사람을 뽑았다(내가 졸업할 때까지 화장실에 휴지는 비치되지 않았다. 물론 교사 화장실에는 비데에 수건까지 있었다). 나에게는 아무힘도 없는 것만 같았다. 그렇게 믿었고, 그게 차라리 편했다.

사회 수업 시간에 인권을 배웠다. 사회 교사는 모든 사람에게는 인권이 있다고, 사람은 모두 평등하며 신체의 자유가 있다고 했다. 하지만 아무리 생각해도 나는 그 '모든 사람'에 포함되지 않는 것 같았다. 모든 사람에게 정치에 참여할 권리가 있다는데 왜 나는 "네가 무슨 정치냐, 공부나 해라" 소리를 듣는지, 모든 사람에게 신체의 자유가 있다는데 왜 나는 화장실 한번 가는 데도 교사의 허락을 받아야 하는지, 교실 안에 가만히 앉아서 창밖을 바라보며 뛰어내리고 싶다고, 나가고 싶다고 되뇌기만 해야 하는지 납득이 되지 않았다. 학교의 현실은 우리에게 그렇게 말하는 것 같았다. 인권은 '아직' 너희의 것이 아니라 고등학교를 졸업하고 스무 살이 되어야만 주어지는 것이라고, '하늘이 부여한 인권'이라고 하지만 학생들은 아직 하늘이 보기에 인간의 조건을 갖추지 못한 거라고.

한번은 이런 일이 있었다. 사회 수업 중에 교사가 이렇게 말했다.

"너희도 사실은 지금 학교 밖으로 나갈 수 있는 거야. 부모님이나 선생님들이 여기 있으라고 해서 여기 있지만 사실은 다 나갈 수 있는 거라고."

설렜다. 왜 그런 생각을 여태까지 못 했지? 수업이 끝난 후 가장 친한 친구에게 달려가 학교를 나갈 거라고, 수업을 빠질 거라고 말했다. 그 친구는 내게 미쳤느냐고 되물었다.

"샘이 그냥 장난으로 그렇게 말씀하신 거지 그걸 진짜로 받아들이는 사람이 어디 있냐? 나는 오히려 '나가지 말라'는 말을 반어법으로 하신 것처럼 들렸는데?"

그 후로도 나는 몇 번 탈주를 시도했다. 하지만 그때마다 나를 막은 것은 가장 친한 친구들이었고, 나였다. 친구들이 막아도 그냥 나가면 되는 건데 속으로 두려웠던 것 같다. 나와 친구들은 그렇게 학교라는 세계의 룰에 적응해 가고 있었다.

나는 학생인권조례를 반기지 않았다

2, 3학년들의 "요즘 1학년들은 버릇이 없어"라는 소리와 급식 새치기 속에 몇 개월을 견디고 겨울 방학이 다가오던 무렵이었다. 광주학생인권조례가 통과되었다는 소식이 들려왔다. 나는 딱히 관심을 두지 않았다. 주변에서는 학생인권조례가 통과된 것을 두고 주로 두발과 복장 자유를 이야기했다. 당시 우리의 인식 속 학생인권조례란 다음과 같이 짧고 굵게 요약할 수 있다. "빨갛게 염색하고 피어싱 하고 '짧치(짧은 치마)' 입고 다녀도 뭐라 못 한대!"

이후 3학년 일부 학생들의 옷차림이 점점 바뀌어 갔다. 교복을 줄이고, 사복을 겹쳐 입고, 머리를 염색했다. 2학년은 그보다는 덜

했고, 1학년들은 분위기가 뒤숭숭할 뿐 특별한 변화는 없었다. 교사들은 침묵하고 가끔 혀를 차는 것으로 일관했다. 매일 아침 현관에서 벌점을 매기던 선도부가 사라졌다. 학년이 낮을수록 두발이나 복장의 변화가 적었던 것은 딱히 나이가 어려서, 순진해서라기보다는 '1(2)학년들 발랑 까졌다'며 욕하고 괴롭힐 3학년이 두려워서라고 하겠다.

나는 어땠냐고? 글쎄, 우선은 마음이 뒤숭숭했다. 유치한 용의 규정들이 사라지는 것은 환영할 만한 일이라고 생각했다. 하지만 오히려 그 때문에 학생들 사이에 묘한 규칙이 생겨 버릴까 봐 걱정되었다. 교복을 줄이지 않으면, 외모를 꾸미지 않으면 '찐따' 등의 이름으로 따돌리는 분위기가 생길까 봐, '3(2)학년은 할 수 있지만 2(1)학년은 안 돼' 같은 금기가 생길까 봐 묘한 두려움이 들었다. 뭔가 헛짚고 있다는 느낌이 들었다. 학생인권조례 덕분에 용의 규제가 사라진다고 치자. 그러면 학교가 좀 더 나은 공간이 될 수 있을까? 그렇지 않다는 생각이 들었다. 내가 힘든 근본적인 이유는 용의 규제가 아닌데, 뭐라 딱 꼬집어 말할 수는 없지만 더 힘든 이유가 있는데, 학교에서 학생인권조례는 용의 규제가 사라졌다는 정도로만 받아들여지는 것 같았다.

학생인권조례에 두발과 복장의 자유 외에도 강제 자율학습/보충학습 금지, 양심의 자유 보장, (광주학생인권조례에는 없지만) 임신과 출산에 대한 차별 금지 등의 다양한 조항이 있는 것을 알게 된 것은 그로부터 한참 뒤였다. 학교가 알려 준 것이 아니라, 청소년인권

행동 아수나로에서 활동을 시작한 후 스스로 찾아보고 알게 된 것이었다.

학생인권조례는 학생들의 것인가

2011년에 광주학생인권조례가 제정되고 2012년 초에 학교 곳곳에는 이런 포스터가 붙었다. 수업 시간, 남학생이 시끄럽게 이야기를 한다. 여자 교사가 학생에게 떠들지 말라고 주의를 준다. 그러자 학생이 "떠드는 건 내 맘이다"라며 교사에게 화를 내고 교사는 당황한다. 이때 주인공 캐릭터가 나타나 학생을 제지하더니 '말춤'을 추며 이렇게 말한다. "교권과 학생인권이 함께 존중받는 학교, 너 do 나do 젠틀맨!"

그때는 그저 저게 뭐냐며 웃어넘겼지만 지금은 심각하게 다가온다. 그 포스터는 '학생은 수업 중에 다른 학생과 이야기를 나눠선 안 된다'는 통념을 전제로 '약한' 교사가 '교사의 머리 꼭대기까지 기어오른' 학생 때문에 '수업을 방해받는' 모습을 그렸다. 은연중에 학생인권조례 때문에 교권이 추락한다는 논리를 내포하고 있었다. 그것이 학교 곳곳 가장 눈에 잘 띄는 곳에 속속 배치되었던 것은 무엇을 뜻하는가.

반면 당시 학생인권조례의 내용을 알려 주는 홍보물은 보지 못했다. 만화 형태로 학교마다 배포했다고 하는데 정작 그걸 읽어 본 학생은 드물 것이다. 무엇보다 앞의 포스터 내용으로 미루어 봤을 때 그 내용이 정말 학생의 입장에서 학생인권을 그린 만화였을지 의심스럽기도 하다.

어떤 학생들은 이렇게 이야기하기도 했다. "학생인권조례 때문에 갈수록 애들이 버릇없어져", "말로만 해서 잘 듣는 애들도 있지만 안 듣는 애들도 있잖아. 그런 애들을 가르치기 위해선 어느 정도 체벌이 필요한 것 아닐까?" 학생들이 이런 발언들을 한 것은 그동안 학생인권과 관련된 수많은 담론에서 정작 청소년들은 배제되어 왔기 때문이라고 생각한다. 학교에서 그런 이야기를 하지 않으니까, 해 봤자 교사들이 일방적으로 가르치듯 하는 말이었을 테니까.

애초에 조례가 당사자인 학생들의 참여는 거의 없이 만들어지기도 했다. 조례가 제정되고 몇 년이 지난 지금도 대다수 학생들은 인권을 침해당하고도 그것이 부당한지 모르거나 부당함을 느껴도 어떻게 대처해야 할지 몰라서, 두려워서 그냥 넘어가는 일이 많다. 말도 안 되는 규칙이라고 생각하면서도 '이렇게라도 안 하면 내가 공부하겠어?', '말 안 듣는 애들이 있으니까 그렇게 해야겠지'라고 되뇌며 넘어가고 적응해 버린다. 학생인권조례는 아직 학생의 것이 되지 못했다.

바뀐 것과 바뀌지 않은 것

광주학생인권조례가 공포되고 얼마 뒤 교장은 다음과 같은 훈화를 했다. "교칙을 바꿀 생각은 없다. 여러분은 학생이고 학생다운 복장을 해야 한다. 여러분은 학교의 얼굴이다. 여러분이 하고 다니는 복장으로 사람들이 학교를 평가한다. 새로운 교칙 표를 학급마다 붙여 놓았으니 보고 교칙을 지켜라." 훈화가 끝나자마자 학생들은 우르르 게시판으로 몰려갔다. 교칙에서 이전과 다르게 바뀐 내용은 양말 색을 규제하지 않는다는 것, 그뿐이었다. 사라졌던 선도부가 다시 현관을 지키기 시작했다. 학생들은 불평하면서도 묵묵히 학교를 다녔다.

그러나 한 학기, 한 학기가 지나면서 조금씩 교칙이 바뀌었다. 파마와 어두운 갈색 염색을 허용했다. 여름에 살구색 스타킹을 신을 수 있도록 교칙을 개정하겠다는 공약을 내건 이가 학생회장에 당선되었고 공약은 현실이 되었다. 치마 길이의 기준선이 무릎 아래에서 무릎 중간으로, 다시 무릎 위로 점점 올라갔다. 내가 졸업한 후에는 학생들이 신발장까지 신발을 신고 올라갈 수 있게 하는 큰 진보가 이루어졌다고 한다.

그러나 학생과 교사의 권력관계는 크게 변하지 않았다. 여전히 학생은 교사에게 일방적으로 지도받아야 하는 존재였다. 교사가 학생에게 예의를 지키지 않더라도 학생은, 청소년은 선생님께, 어른에게 예의를 지켜야 한다. 학생이 교사에게 다른 생각을 말했을 때 "어디서 버르장머리 없이 선생님한테 말대꾸야?"라는 윽박지름이 나오는 것이, 교사가 그저 눈짓만 해도 학생은 허리를 꾸벅 숙여 인사하는 것이 당연하게 여겨지는 공간으로 학교는 남아 있다.

학생들을 둘러싼 입시 경쟁 체제도 흔들리지 않았다. 방과후학습이나 자율학습, 보충수업을 강제하지 못하게 했다지만 학생들은 '지금 공부하지 않으면 도태될지도 모른다'는 불안감에 입시 공부를 놓지 못하고 있다. 그리하여 자신들을 향한 학교와 사회의 각종 규제와 통제를 '미래를 위해서' 받아들이고 순응한다.

그렇다면 학생인권조례가 아무것도 바꾸지 못했던 걸까? 그건 아니다. 자신들이 당하고 있던 규제와 억압이 실은 옳지 않다는 것을 학생들이 자각하게 되는 데 약간의 도움을 줬다고 생각한다. 학생들이 부당한 일에 항의할 때 "학생인권조례에 이렇게 쓰여 있어!"라며 비빌 언덕도 생겼다. 하지만 학생들의 인권이 침해당하는 근본적인 이유들을 여전히 건드리지 못하고 있어 아쉽다. 앞으로도 갈 길이 참 멀다.

| 2014년 9·10월, 《오늘의 교육》 22호 |

밀루 청소년인권행동 아수나로

남쪽 광주에서 살고 있습니다. 이 글을 쓴 지 2년이 넘게 지났는데, 광주학생인권조례는 한 번의 위험한 고비를 넘겼고 저는 아직 아수나로에서 청소년운동을 하고 있네요. 여전히 갈 길이 먼 듯합니다.

학생인권에
낚이면
이렇게 됩니다

학생인권과의 우연한 만남, 그 이후

김동이 노원지역청소년인권동아리 '화야', 학생참여단 2기

어쩌다 보니 여기까지

학생인권조례에 대한 첫 기억은 서울학생인권조례가 공포됐던 2012년 1월의 어느 날이다. 고1에서 고2로 올라가는 봄 방학을 앞두고, 담임은 많은 사람들이 그랬듯 '임신·출산으로 인해 차별받지 않을 권리'를 두고 "학생인권조례는 임신을 조장한다. 이게 통과되면 너네는 다 임신할 거냐"며 반 아이들을 쏘아붙였다. 조

례를 딱히 지지하지 않거나 평소 인권 문제에 관심이 없었던 사람이라도 상식적으로 억지임을 알 수 있을 정도로 과민한 반응이었다. 그러나 조례에 대한 관심은 그리 오래가지 않았다. 지금 생각해 보면 조례가 나에게 와 닿는 어떤 것이 아니었기 때문이었던 듯도 하다.

그 후 친구와 어쩌다 학생인권조례에 대해 이야기를 나누게 됐다. 언론의 도마 위에 올랐던 임신·출산·성적 지향 등으로 인해 차별받지 않을 권리를 비롯해 청소년의 성, 두발/복장 규제 등과 관련해 한참 이야길 했다. 인권운동 활동가들 정도의 깊이 있는 지식과 고민은 없었지만 적어도 우리는 사람이 '소수자성'으로 인해 차별받진 않아야 한다는 점에 동의했다. 그렇게 학생인권조례에 대해 꺼질 듯 말 듯 남아 있던 나의 관심은 겨우 살아남았다.

그러다 2012년 5월에 서울시교육청에서 학생참여단을 모집한다는 공문이 내려와 전교에 홍보가 되면서 나는 오랜만에 학생인권조례와 다시 마주하게 되었다. 모집 소식을 듣고 막연히 학생참여단에 들어가 좀 더 학생이 중심인 학교를 만들고 싶다고 생각한 나는(그래 봤자 두발/복장 규제 완화 정도지만) 지원서를 제출했고, 떨어졌다. 아쉬웠다. 그런데 미련이었을까. 학생참여단에서 떨어진 학생들이 맡는 학생인권 서포터즈가 된 나는 어느 순간부터 학생참여단과 나를 동일시하여 활동하기 시작했다. 학생참여단 카페가 생겼단 소식을 듣고는 하루 종일 앉아 올라온 글들을 몇 번이고 확인했고, 학생참여단을 오프라인에서 만날 길을 모르니 카페라도 글을 올리고 댓글을 달며 열심히 의견을 나눴다. 카페를 통해 학생 인권과 관련된 교육계 소식을 듣고 내 현실과 비교해 보며 처음으로 무언가 행동할 것을 생각하기도 했다. 학교에 대한 비판적 관점도 점차 생겨났다.

그러나 학생참여단 카페 카테고리의 일부는 서포터즈에겐 접근이 막혀 있었고, 오프라인 활동에도 제약이 있을 수밖에 없었다. 그러던 2012년 12월 청소년인권행동 아수나로 서울지부 주최로 열린 '서울시교육청 학생참여단 출범 200일맞이, 200분 토론회'를 통해 처음으로 학생인권과 관련한 오프라인 자리에 가게 됐다. 그 자리를 시작으로 나는 학생참여단에 나를 어필했고, 학생인권 인터넷 실태 조사를 하다 알게 된 학생인권위원회 위원분의 도움으로 학생참여단 집행부 회의도 참관할 수 있게 되었다.

이즈음부터 학생참여단 사람들과 개인적으로 소통하기 위해 페이스북에 가입했고, 건너 건너 페이스북 친구를 통해 아수나로 활동가들과 여러 단체들도 알게 됐다. 그러면서 학생인권에 대한 이해도 조례라는 틀을 넘어서 좀 더 넓어졌다. 2012년 대선 땐 '청소년의 정치적 기본권 내놔라 운동본부'에서 주최한 시위에도 함께 했다. 그때 알게 된 아수나로 활동가와의 대화를 통해 운동단체가 학생참여단에 기대하는 역할이나 조례를 통해 이루고 싶은 것들을 좀 더 자세히 알게 되기도 했다. 활동가들과의 대화는 유쾌했고 거침없었다. 학생참여단에 비해 인권에 대한 관점이나 지식도 깊이가 있었고, 내가 접하지 못한 다양한 층위의 고민이 있음을 그들의 삶으로 보여 주었다. 처음 서포터즈가 되었을 때만 해도 전혀 예상치 못했던 일들이 이어졌다.

무기력, 무능감과 싸워야 했던 시간들

학생참여단과 오프라인에서 만나고, 페이스북을 통해 아수나로를 비롯해 여러 단체 활동가들과 소통하면서 각자 학교에서 어떻게 투쟁을 하고 있는지도 공유하게 되었다. 그러던 중에 겨울 방학 보충수업을 신청하는 시기가 왔다. 그러나 말이 자율이지 학생들에겐 '과목 선택의 자율'밖에 주어지지 않았다. 보충수업을 듣지 않겠다고 손을 든 학생들에겐 담임으로부터 온갖 종류의 회유와 협박이 이어졌다. 결국 나는 보충수업 자율화에 대한 서명지를 만들어 이과 각 반과 문과 한 반에 돌리고, 앞서 연이 닿았던 학생인권위원회 위원에게 부탁해 서울시교육청에도 신고서를 제출했다.

학교는 당연히 소란스러워졌다. 부장 교사가 우리 반에 다짜고짜 찾아와 뭐가 불만이냐며 반장을 추궁했고, 담임은 "보충수업을 신청하지 않아서가 아니라 이렇게 뒤에서 일을 꾸미는 게 화가 난다"며 "너희에게 실망했다"는 엉뚱한 소리를 했다. 그날 8교시후, 그리고 그 다음 날까지 두 차례에 걸쳐 담임과 따로 진행한 면담에서 담임은 나의 행동을 학교에 대해 '뒷담화'를 한 것처럼 표현하고, 어른 앞에서는 하고 싶은 말이 있어도 다 하는 게 아니라는 '조언'도 덧붙였다. 징계도 운운했다. 담임을 설득해 보려 최대한 태도도 조심하고 표현도 고르고 골라 말했으나 모두 "네 생각은 너무 진보적이야"라며 튕겨져 나왔다. 대화는 결국 각자의 성향이 다른 걸로 담임이 마무리하는 선에서 끝이 났다. 상대방이 나를 부정하지 않고 인정한 점은 고마웠지만 그때부터 나만 '특수한 아이'가 되어 다른 대우를 받게 되었다. 담임과 면담 후 이야기를 나눈 부장 교사에게는 보충수업을 신청하고 싶지 않지만 담임의 눈치 때문에 그러지 못한 학생들이 있을 거라며 내가 조사를 하게 해 달라고 요청했다. 다행히 부장 교사는 조사를 허락했다.

 다음 날 아침 자습 시간에 1반부터 14반까지 2학년 학급을 쭉 돌며 보충수업 비희망자 조사를 하려 했다. 1반은 담임의 조례가 끝나지 않은 듯해 2반에 들어가 그 반 담임에게 전날 부장 교사와 나눈 이야기를 전하고 조사를 시작했다. 꽤나 많은 학생들이 보충수업을 듣고 싶지 않다는 의사를 밝혔다. 그때였다. 갑자기 부장 교사가 들어와 자신이 언제 조사를 허락했느냐며 나를 교실에서 끌고 나왔다. 자기는 자기 반 아이들(1반)만 조사하는 것을 허락했다는 거였다. 나머지는 각 반별로 담임들의 승인을 받아야 한다고 했다. 2반 담임은 나에게 부장의 승인을 받은 게 아니었냐고 묻고, 부장은 나에게 2반 담임의 승인을 받았냐고 묻고……. 어이가 없었다. 나는 대체 누구에게 허락을 받아야 하는 건지 혼란스러웠고 쉬는 시간에 다시 부장 교사에게 찾아가서 물었다. 그런데 전날과는 다르게 아주 귀찮고 성가시다는 반응이었다. 다음 쉬는 시간에 다시 찾아갔을 땐 "학생회도 아닌데 네가 뭐라고 이러냐"란 말을 들었다. 그 다음 쉬는 시간에 찾아갔을 땐 학생회 회의에 안건 상정을 하라며 자신들도 지키지 않는 절차를 들먹였다.

그날 하루 종일 쉬는 시간마다 내 발걸음은 교무실로 향했다. 부장 교사의 말 바꾸기에 지쳐 다른 교사와도 상담을 했으나 대답은 크게 다르지 않았다. 학생인권교육센터에 연락을 했으나 신고한 다음 날 처리가 되었다는 소식만 알려 주었다. 내가 생각한 대로 일이 흘러가지 않았다. 혼란스러웠다. 어쨌든 결국 이과반은 거부 의사를 밝힌 학생들이 보충수업을 빠질 수 있도록 대충 마무리가 되긴 했지만, 마무리가 됐다고 할 수 있을지 모르겠다. 게다가 문과반은 여전히 아주 특수한 경우를 제외하곤 전원 보충수업을 들어야 했다.

첫 번째 싸움 뒤 나에겐 두려움이 생겼다. 강제 보충수업에 대한 문제의식을 던지긴 했지만 거기서 더 나아가 정작 당사자인 학생들로부터 부조리한 학교 시스템에 대한 분노의 목소리를 제대로 끌어내는 것은 불가능해 보였다(그것이 투쟁의 근본인데). 학교가 '고3'에 대해 갖는 시선도 두려웠다. 인권을 알게 된다는 건 현재의 억압적인 학교 체제에 눈을 뜸과 동시에 스스로를 무지 피곤하게 만드는 일이기도 했다. 경쟁과 체제에 대한 무비판적 순응이 팽배한 이곳에선 문제를 깨달아도 다른 이들에게 전달하기 어렵고, 정당한 일을 실천해도 부정하다고 손가락질받는다. 갓 인권을 접하고 실천을 시도했을 뿐인데 학생이란 이유만으로 가차 없이 짓밟힌다. 투쟁을 해야 한다는 생각과 나서서 싸우기엔 내게 주어진 것들이 너무 미약하단 생각이 교차해 괴로워하며 2012년 겨울을 보냈다. 그즈음 학원 내 체벌 문제도 더해져 나를 더 우울하게 했다.

고3이 되었다. 방학 내내 고민해서 직접적인 '투쟁'은 못 하더라도 학생인권교육센터를 통해 학교를 압박하자고 결심했었다. 하지만 아니나 다를까. 개학 한 달 만에 완전히 무너졌다. 학교에서 벌어지는 이런저런 인권 침해들을 드러내고 해결하자니 학생들도 별로 관심이 없었다. 센터 구성원 개인들은 호의적이었지만 공식적으로 개별 학교의 인권 침해 문제를 조사하고 일일이 압박하는 일은 역부족이었다. 나도 점점 전처럼 촉각을 곤두세우지 못하고 분노하지도 않았다. 싸우는 것도 아니고, 그렇다고 학생들에게 다가가지도 못한 채 무기력하게 새 학기 초반 2개월을 보냈다. 물론 그 시간 동안 아무것도 안 한 건 아니었다. 토론회도 가고, 포럼도 가고, 활동가들과도 지속적으로 만났다. 그러나 내가 싸워야 할 곳은 어쨌든 학교였다. 인권단체나 기관들의 지원, 언론 보도를 통해 외부에서라도 학교의 권력 남용을 통제해 보고 싶었으나, 그러려면 학생이 당한 인권 침해 정도가 심하다거나 징계 수위가 높다거나 해야만 관심을 받을 수 있었다. 그런 현실을 알면 알수록 두려움과 답답함은 커질 뿐이었다.

학생 자치를 꿈꾸며 반장 선거에 출마했으나 낙선했고, 동아리라도 인권에 대해 말할 수 있을 듯한 곳을 찾다 법률자문단에 들어갔다. '법'과 '인권'은 어느 정도 연결 고리가 있는 관계였기에 택한 것이었다. 동아리 첫 시간, 앞으로 무엇을 다루고 싶냐는 지도 교사의 물음에 나는 자신 있게 '학생인권조례'라고 답했다. 교사는 "그래, 학생인권조례가 학생들의 실생활에 영향을 미치겠지만"이라고 운을 떼더니 "그래도 법률자문단이니만큼 법을 다루자"고 말했다. 그 말에 웃음이 나왔다. 앞으로 동아리가 어떻게 굴러갈지 대충 꼴이 보였다. 법은 조항의 내용을 아는 것보다 그것을 어떻게 해석하고 바라볼지 관점을 만들어 가는 게 핵심이지만 이대로 가면 그러긴 어려워 보였다. 그러나 대충 영상이나 보고 토막 지식만 배우고 감흥 없는 견학 몇 번으로 동아리 활동을 때우기에는 시간이 너무 아까웠다. 학생인권조례의 내용을 제대로 알리고 싶은 마음도 굴뚝같았고, 이를 토대로 다른 학생들과 인권에 대해 얘길 풀어 가면 좋을 듯해 나는 강력하게 우리가 학생인권조례에 대해 알아야 할 당위성을 말했다. 다행히도 내가 제안한 것 외엔 딱히 대안이 없어서 바로 다음 동아리 시간에 내가 PPT 발표를 맡게 됐고, 기쁨과 기대감과 부담감을 동시에 안은 채로 발표를 준비했다.

발표를 하기까지의 과정에서 지도 교사와 이야기를 나눌 기회도 있었는데 그나마 학교에서 조례를 안다는 사람의 입에서 나오는 소리들이 또 나를 한숨 쉬게 만들었다. "조례는 곽노현 교육감이 만든 거"라느니 "상위법 위반으로 인해 효력이 없다"느니 하는 얘기를 들으며 교과부의 폭력적인 대응에 분노를 삭이던 운동단체들의 심정이 어떠했을지 뼈저리게 느꼈다. 서울학생인권조례가 의회에 상정되기까지는 그 입법 절차가 독특했던 만큼 할 이야기가 많았고, 정보가 왜곡된 부분도 많았다. 무엇보다도 내겐 조례에 대한 내용 외에 학생인권에 대한 지식이 부족했고 조례의 당위성을 설명하기에 스스로가 부족하단 느낌이 자꾸 들었다. 여러 방향에서 압박이 오는 가운데 3일 밤을 새 겨우 PPT를 완성했다. 발표는 여러모로 아쉬움이 많았다. 가장 풀고 싶었던 오해인 '차별받지 않을 권리'와 '자치권' 관련 조항에 대해서도 제대로 설명을 못했고, 기독교계가 낸 조례를 공격하는 문구들에 대해서도 제대로 반박하지 못했다. 그래도 다른 학생들에게 조례는 주민발의를 통해 상정되어 통과되었고, 많은 운동단체들의 노력이 있었다는 메시지는 전했다.

한 차례 폭풍 같은 발표가 지나가고 난 뒤 다음 발표에 대한 부담과 걱정이 몰려왔다. 난 좀 더 우리에게 정말 필요한 권리들, 예컨대 노동인권, 성적 권리, 참정권 등에 대해 다루고 싶은데 교사는 흔히 생활법이라는 카테고리에서 배우는 상속법, 재산법 등을 다룰 듯한 눈치였고, 학생들은 별 관심이 없었다. '인권'을 말하기엔 동아리의 분위기가 너무 수직적이고 수동적이었다. 이렇게 앞으로도 교사로부터 이런저런 발표 주제를 따내려 힘겨루기를 할 것을 생각하니 벌써부터 지치는 느낌이었다. 그러나 사실 무엇보다도 학생들의 반응이 없는 게 가장 힘들었다. 내가 아무리 조장으로서 (동아리 안에서 다시 조가 나뉘었다) 우리 조만이라도 어떻게 분위기를 이끈다 해도 다른 조원들의 자발적인 의지가 없는 한 한계가 있었다. 그러나 학생들이 보여 준 수동적인 모습은 학생들의 문제가 아니라 능동성을 가질 조건이 충족되지 않은 현실 탓이 컸다. 교사들도 학생들의 자발적 의지를 어떻게 이끌어 낼지 고민하기보다 "너네 생기부를 생각해서 열심히 활동을 해야겠지?"라는 식으로 참여를 독려했다. 그러니 입시를 코앞에 둔 학생들 앞에선 어떤 말이든 사어死語가 될 수밖에 없었다. 이런 상태로는 인권을 말하기 어렵단 판단이 들었다.

들꽃 같은 청소년들의 작당, '화야'

동아리에 대한 실망감, 허탈감만 커지던 와중에 학생참여단 2기를 모집한다는 소식이 전해졌고, 얼마 후엔 서울시교육청에서 지원하는 인권 동아리를 모집한다는 소식도 들려왔다. 안 그래도 학생참여단 1기 중 한 분이 학생참여단 활동과는 별도로 인권 동아리를 만들었다는 소식을 듣고 부러워하던 차에 나는 그 소식을 듣고 뭐에 홀린 사람처럼 이리저리 발로 뛰며 동아리원을 모집하고 시간이 부족한 관계로 혼자서 계획서와 예산서까지 써서 제출했다. 그런데 5월 말이란 시기와 인권 동아리라는 특성상 지도 교사 모집이 힘들었다. 부탁드린 분들마다 난처해하며 거절하셨다. 동아리 접수 마지막 날은 5월 24일 금요일로, '청소년의 정치적 기본권 내놔라 운동본부'에서 주최한 청소년의 정치적 기본권 관련 토론회가 있던 날이었다. 토론회가 오후 2시 시작이라 공문 발송 후 학교로부터 '공조퇴'를 받아 점심시간에 나오게 되었는데, 나오는 마지막 순간까지 교사분들로부터 거절 직격탄을 맞으며, 혹시 몰라 동아리원이 될 학생들에게 지도 교사 좀 구해 달라고 부탁하고 교문을 나섰다. 토론회가 끝난 후에도 거절했던 교사분들에게 재차 전화를 해 애원하고 사정했지만 결과는 참혹했다. 최소 지도 교사 수 1명을 못 채워 결국 신청서를 접수하지 못했다.

그날 내가 인권 동아리 문제로 한참을 쩔쩔대니까 한 친구가 21세기청소년공동체 희망에서 청소년 동아리를 모집한다고, 지원금은 학생인권교육센터와 같고 네트워크 지원도 괜찮은 편이라는 정보를 주었다. 지푸라기라도 잡는 심정으로 토론회에서 만난 교사에게 연락을 해 그를 지도 교사로 하여 학생인권교육센터에 제출하려던 서류를 급히 수정하고, 동아리를 하기로 했던 학생들에게도 상황을 설명한 뒤 동아리 이름을 지어 신청을 했다. 조마조마한 기분으로 며칠을 보낸 후 받은 합격 통보가 그리 기쁠 수가 없었다.

어쩌면 이렇게 된 게 더 잘된 일인지도 몰랐다. 교육청에서 지원하는 동아리는 교육청 산하 센터라는 든든한 '빽'이 있고, 학교 내 동아리로 편입할 수 있는 가능성도 있기에 학생들이 따로 시간을 낼 필요 없이 학교에서 주는 동아리 시간에 만날 수 있다는 장점이 있었다. 그러나 활동이 학교 내로 국한돼 폭넓은 활동을 하기 어렵고 지도 교사가 우리 학교 교사이기에 그가 기존에 학교 동아리에서 행동하던 대로 할 가능성이 높다는 우려가 있다. 반면 21세기청소년공동체 희망에서 지원하는 동아리의 경우 시간을 따로 내야 하고 장소도 별도로 구해야 하며 학교 내로 활동을 뻗기가 힘들 수 있단 단점이 있지만, 인권 동아리에 딱 맞는 지도 교사가 있었고 학교 눈치를 안 보고 자유롭게 활동을 구상하고 토의할 수 있단 장점이 있었다.

우리 동아리 이름은 '화야花野, 花夜'*로 정해졌다. 아직 겨우 오리엔테이션을 가졌을 뿐이고, 청소년운동 활동가들이 비판하는 '나이주의'에서 크게 벗어나진 못한 분위기지만, 그래도 다들 자유롭게 발언을 하는 편이다. 나도 같은 학교에 인권에 대해 이야기 나눌 수 있는 사람이 생겨 만족하고 있다. 외부적으로도 연대까진 아니어도 활동을 같이 하자고 쉽게 요청할 수 있는 점도 좋다. 물론 동아리원들 사이에도 고민이나 공부의 수준에 차이가 있어 의견을 내는 사람이나 일을 하는 사람이 소수라는 점을 타파해야 하는 등 앞으로 풀어야 할 과제가 많다.

---

* 동아리 모집 신청서에 썼던 소개 문구를 그대로 옮긴다. "'화야!' 들꽃이란 뜻도, 밤의 꽃이란 뜻도 됩니다. '화'라는 말 자체를 언급하는 의미이기도 합니다. 우리는 멋대로 화려하게 꾸며지는, 진솔한 우리 모습이 없는 청소년이길 바라지 않습니다. 어떤 의미를 굳이 부여하여 특별한 존재가 아니라 늘 피어 있는 들꽃처럼 존재만으로 특별한 청소년, 밤의 꽃처럼 아름답게 빛나는 청소년이길 바랍니다. 청소년인권활동을 통해 모든 청소년들에게 인간답게 살 권리가 있으며, 청소년이란 이유만으로 보호란 이름 아래 억압받는 것이 부당함을 알리고자 합니다. 청소년인권이 존중되지 않는 사회에서 '화'를 외치며 우리 안에서 인권을 아는 데에 안주하지 않고 웹, 신문, 캠페인, 설문 조사, 인터뷰 등을 통해 지역 사회의 인권 의식 개선에도 나서려 합니다."

내게 일어난 변화들

여기까지 오는 과정에서 학생인권조례와 학생참여단의 의의나 정치와 배움에 대한 생각도 변화해 왔다. 사실 나는 일련의 상황을 지켜보면서 학생인권조례가 갖는 의의가 무엇일지 살짝 고민이 들었었다. 서울학생인권조례가 공포된 이후 학생인권교육센터, 학생참여단, 학생인권위원회가 출범했지만 그들의 활동은 여전히 현장에 있는 학생들에게 제대로 가 닿지 못하고 있었다. 학생참여단은 정족수 미달로 첫 총회 이후 개회조차 못 하는 실망스러운 상황이었다. 그냥 '학생에게도 인권이 있다'는 걸 알려 준 정도로 조례의 의의를 이해해야 할지 답답하기만 했다. 그러나 조례가 가져다 준 만남들을 통해 조례의 의의에 대해 다시 생각하게 되었다. 참여단에게도, 학생인권위원회 위원들에게도, 학생인권교육센터 사람들에게도, 그 밖에 학생인권에 관심을 가지고 있는 많은 사람들에게 조례는 새로운 기회이자 만남이고 새로운 시작이고 새로운 의제였다. 교육 3주체가 학교가 아닌 공간에서 만나 잠시 숨 돌리며 인권을 말할 수 있는 공간이기도 했다. 3주체뿐만 아니라 학교를 둘러싼 많은 이들의 이야기를 '인권'이라는 주제로 모을 수 있게 해 준 계기였다.

조례에 명시된 학생참여단의 역할이라는 것도 그 자체로 보장되고 완성된 어떤 상태인 게 아니라 그것을 현실에서 실현시키기 위해 끊임없이 노력해야 하는 것임을 깨닫게 되었다. 그러면서 섣부른 기대와 실망을 내려놓고 내가, 우리가 지금 무엇을 해야 할지를 마주하게 된 것 같다. 이런 생각에 결정적으로 영향을 미친 건 학생참여단 2기 임시 총회였다. 이 자리에서 학생참여단 1기 임원 선출 때의 실수를 반복하지 않기 위해 대표단 선출에 앞서 권역 차원에서라도 사전 모임을 가질 것을 제안했다. 그러나 이 제안은 검토조차 되지 않았다. 또한, 작년 학생참여단의 활동 내용을 전달하고 조언할 1기들의 선출도 제대로 이루어지지 않았다. 스펙을 쌓을 목적으로 학생참여단에 온 이들이 많지 않을까 하는 불안감도 계속 들었는데 실제 그런 모습들을 보기도 했다. 나는 내색하진 않았지만 어떤 이들은 결석한 위원들을 두고 스펙 때문에 지원한 게 아니냐며 비난하기도 했다. 그러나 조례 이후 바뀐 인식들을 나누고 조례에 대한 잘못된 이미지들을 바로잡고 싶다는 의지를 공유하면서, 또 인권을 접할 기회가 그다지 없는 학생들이 인권에 대해 함께 이야기하는 모습을 보면서 실망보단 앞으로 무엇을 해야 할지를 더 고민하게 됐다.

멀게만 느꼈던 '정치'에 대해서도 다시 생각하게 되었다. 학교에서 벌어지는 일들을 보며 '정치란 대체 뭐지?' 하는 의문이 들곤 했다. 학교에서 학칙을 개정하거나 무엇을 진행할 때 학생들에게 물어보는 과정 따윈 없었다. 학부모들에게 맨 밑에 서너 줄 정도 겨우 의견을 적을 만한 공간을 비워 둔 가정통신문을 돌릴 뿐이었다. 학교에서 배운 바에 따르면 선거 때 투표하는 것만이 정치가 아닌데, 정치인들이 국회에서 하는 일만이 정치가 아닌데 이렇게 내 삶에 영향을 미치는 문제에 대해선 내 목소리 하나 못 내는 현실이 답답했다. 친구와 열심히 떠들면서 정치는 삶이라고, 숨 쉬는 것도 정치라는 이야기까지 나누었지만 여전히 관념 속에 있던 정치는, 학생참여단을 만나고 여러 단체의 활동가들과 이야기하고 직접 학교에 온몸으로 부딪쳐 싸우면서 내 일상으로 내려왔다.

사회 교과서에 나온 것들이 별세계인 줄 알았는데, 학교에서 배운 것들을 내 삶에서 직접 마주하면서 배움에 대해서도 더 고민하게 되었다. 학생인권조례를 두고 벌어지는 싸움들은 사회 시간에 배운 내용들과 많은 부분이 연결돼 있었다. 가령 교과부의 행태를 보며 법체계에 대해서, 시의회와 교육청의 구조를 보면서 지방자치와 삼권분립을 생각하게 되는 식이었다. 시민단체의 활동들도 가까이에서 볼 수 있었다. 활동가들로부터 들었던 말이 의제가 되고, 안건이 되고, 그걸 토대로 이슈 파이팅이 이루어지는 모습을 바로 옆에서 보는 건 굉장히 매력적이었다. 결국 교육이 학교에서 실현하고자 하는 게 이렇게 앎과 삶이 분리되지 않는 것일 텐데, 어떻게 하면 학교에서 이런 배움이 일어날 수 있을까 고민이 되었다.

낡여서 다행이다

나는 참 줏대 없는, 여러 가지를 좇는, 좋게 말하면 다방면에 관심이 많고 나쁘게 말하면 뭔가에 쉽게 질리는 사람이다. 어쩌면 내가 인권에 관심을 가지게 된 게 입시에 질려서가 아닐까 생각을 해 본 적도 있다. 그런데 그건 반은 맞고 반은 틀렸는데, 인권에 관심을 가질 즈음 나는 과학에 푹 빠져 있었기 때문이다. 관심을 둘 다른 데가 있었던 것이다.

그보단 다른 데서 이유를 찾아본다. 몇 해 전부터 학교가 안고 있는 문제들이 언론에 자주 보도되고 있다. 이마저도 운동단체들의 노력이 없었다면 가능했을지 의문스럽긴 한데, 문제는 이런 보도들에서도 학생들이 학교에서 진짜로 겪고 있는 고민들을 진지하게 다루지 않는다는 점이다. 지난해부터 논란이 된 학교 폭력을 예로 들자면, 학교 폭력이 모든 학생이 시달리는 일상의 문제는 아니다. 교과부에서 말하는 것처럼 일진이 등장하는 폭력은 정말 드물뿐더러 소위 말하는 '잘나가는' 아이들의 성격도 지역별로 다르다. 내가 다닌 학교의 아이들 같은 경우 자신들이 교내 분위기를 장악하는 데만 관심이 있는 것도 아니었고, 물리적인 폭력을 휘두르기보단 좀 더 교묘한 방법을 썼으며, 합리적인 면들도 있었다. 결국 가만히 보면 그들 역시 학교에 적응하는 것이 목표였다. 그런데 학생들의 목소리는 빠진 채로 학생들의 모습이랍시고 미디어에 보도되는 것들은 우습기 짝이 없었다. 이런 상황들이 아마 나를 인권에 관심을 갖도록 만들었던 것 같다.

학생인권조례는 답답한 현실에 나타난 전혀 다른 차원의 어떤 것이었다. 해방구였다. '학생에게도 인권이 있구나', '소심하게 싸워 왔던 두발 규제, 복장 규제도 그냥 해선 안 되는 문제였구나', '기독교계가 정말 어처구니없는 논리로 조례를 반대하는구나' 알게 되었다. 나는 학생인권에 덜컥 낚여 버렸다. 그것도 아주 제대로 낚여서 벗어나지 못하고 있다. 아니, 벗어날 수가 없다. 학생인권은 무지특이하다. 학교 안에서 더욱 찾기 힘들다. 나에게 인권은 오히려 학교를 벗어나서야 배우고, 느낄 수 있는 것이었다. 학교는 인권의 토양이 되지 못하고, '교육'이라는 이름으로 외려 관계를 왜곡시킨다. 이곳에서는 성적과 학기, 학년 같은 숫자 없이는 성장을 느끼기 힘들다. 학교는 입시의 형평성을 말하지만 교사와 학생 간의, 모든 학교 구성원 간의 형평성은 존재하지 않는다. 그러므로 우리는 자발적으로든 비자발적으로든 학교를 벗어남으로써 조금이나마 사람으로서 대접을 받을 수 있다.

아마도 내가 계속 학생인권 관련 활동을 하는 이유는 내가 아는한 여기만큼 '진짜 배움'이 있는 데가 없어서이지 않을까. 살면서이렇게 재밌어 본 적이 없다. 활동은 삶과 연결되는 거였다. 학생인권을 만난 후의 삶이 뭐가 좋은지 묻는다면 이렇게 답할 것이다. 내가 배운 것이 생활에서 바로 적용되는 걸 발견하는 게 좋다. 의견 갈등은 있어도 그로 인해 눈치를 보지 않아도 되는 분위기들이좋다. 보스가 없는 것이 좋다. 좀 더 겪다 보면 환상이 깨질 부분도있겠지만 설령 환상이 깨지더라도 현실과 이상의 괴리, 모순을 인정할 줄 아는 사람들을 알게 돼 좋다. '권력'에 대해 좀 더 날것 그대로 부딪칠 수 있어서 좋다.

요즘은 이런 즐거움을 어떻게 학교라는 공간으로 가져올 수 있을지를 계속 고민하고 시도하는 게 중요하겠단 생각이 든다. 더 이상

고인 물이고 싶지 않다. 잘못된 것들을 알고 싶고, 생각하고 싶고, 판단하고 행동하고 싶다. 물이 계속 흘러야 지형이 바뀐다. 운동이 큰 물줄기 중 하나라면 나는 작은 물줄기, 아니 한 방울 물이라도 좋다. 다만 내가 어디에 있을지 스스로 선택하고 싶다. 나는 '여기'가 내가 있을 곳이라 판단했다. 그래서 나는 활동한다. 지금, 여기서 살아 있음을 느끼며 살려 한다.

| 2013년 7·8월, 《오늘의 교육》 15호 |

김동이 노원지역청소년인권동아리 '화야', 학생참여단 2기

학생인권과 관련해 많은 것들을 알게 되었고, 앞으로 더 알고 싶은 사람입니다. 학생인권에 대해 포괄적으로 접근하고 싶습니다. 학생이어야만 학생인권운동을 할 수 있는 건 아니지만 학생일 때 조금이라도 더 배우고 연구하고 싶습니다. 가르침에서 배움으로 인식이 바뀌기까지 많은 고마운 경험들을 했습니다. 어떻게 하면 인권을 학교 현장에 녹여낼 수 있을지, 하고 싶은 공부들을 할 수 있는 공간을 만들 수 있을지 늘 고민합니다. 그런 이야기들을 나눌 수 있는 사람들이 많았으면 합니다.

2부

부당한 지배를
거부한다

사소한, 그러나
용기를 내야 하는
결단

정치와 투쟁이 필요한 이유

정은균 전북 중등 교사

지난 2016년 2월 18일부터 22일까지 학교 교문 앞에서 1인 시위를 했다. 나흘간 시위 일정을 마친 뒷날, 같은 장소에서 학교 안팎 교사와 시민 50여 명이 모인 집회를 열었다. 연대 서명 작업, 선전지 작성 등 '정치적'인 것으로 해석되는 다양한 활동들을 펼쳤다. 지난 17년의 교직 생활 중 가장 뜨겁게 '정치적' 실천을 했다고 자평할 만한 한 달을 보냈다.

주저하지 않았다

발단은 재단 산하 고등학교에서 근무하는 동료 교사의 전보 인사 문제였다. '부당 전보' 혐의가 짙었다. '심의 기구'인 사립학교 교원인사위원회(인사위)가 제구실을 하지 못했다. 중대 인사 안건인 전보 교류 문제를 관행적이고 형식적으로 처리했다. 재단 정관이나 인사위 규정에 전보의 원칙과 기준이 전무했다. 평소 교무 회의에서 쓴소리를 하는 해당 선생님을 '찍어 내려는' 의도로밖에 해석할 수 없었다.

대책 회의를 열었다. '밀실 깜깜이 인사'의 부당함을 성토했다. 부당 전보 인사의 시발점에 인사위 규정의 비민주성과 인사위 운영의 불합리함이 자리 잡고 있다고 판단했다. 부당 전보 인사를 철회하고 인사위 규정을 개정할 것을 요구하기로 했다. 본격적인 '정치 행위'가 필요했다. 연대 서명 작업, 1인 시위, 보도자료 배포, 집회, 기자 회견 들을 하기로 했다.

맨 처음 한 일은 재단 산하 학교 동료 교사들을 대상으로 연대 서명을 받는 작업이었다. 서명지를 작성하는 일이 일차 과제였다. 글 제목, 내용의 흐름, 전체적인 기조, 요구 사항들에 대해 협의하고 조정하여 결정하는 일이 쉽지 않았다. 이번 인사 문제가 특정 개인에 국한된 것이 아니라는 것, 수년간 누적된 인사 적폐가 재단 내 학교 소속 교사들의 사기를 떨어뜨려 교육력을 약화시키는 주범이라는 것으로 의견을 모았다.

시간이 많지 않았다. 공식적인 인사 발표가 있었던 2월 초 직후부터 상황을 개시해도 3월 새 학년 시작 이전에 사태를 일단락 짓는 일이 쉽지 않을 것 같았다. 1차 대책 회의가 있던 날 새벽, 원고지 11장 분량의 서명지를 3시간에 걸쳐 작성했다. 힘들었다. 첫 번째 중대 난관이었다.

서명을 받는 일이 이어졌다. 졸업식과 봄 방학이 연이어지는 때였다. 동료 교사들을 만나기가 쉽지 않았다. 직접 서명을 통해 뜻을 모으는 일이 어렵다고 판단했다. 전화 통화로 연대 서명 동참 여부를 확인하는 식으로 일을 진행하기로 했다.

사전 준비 작업을 했다. 연대 서명 취지를 포함해서 인사 적폐를 해소하는 일에 동참해 줄 것을 호소하는 글을 이메일로 보냈다. 그 뒤 수신 여부를 일일이 확인했다. 곧장 전화 통화를 통한 서명 작업에 돌입했다. 사전에 진행한 이메일 호소 글이 주효했다. 80퍼센트 가까운 동료 교사들이 동참과 지지 의사를 밝혀 주었다.

그 뒤 1인 시위와 집회, 언론 제보 등 가능한 모든 방법과 수단을 동원해 '싸웠다'. 역부족이었다. 재단과 학교는 전보 인사를 철회하지 않았다. 해당 교사가 수차례 재심을 요청하고 전보 사유를 밝히라고 요구했는데도 모두 거부했다. 인사 행정이 요구하는 형식적 절차를 거쳤으며 학교장 재량에 따라 판단했다는 이유를 댔다.

해당 교사는 전보 명령을 받아들이지 않을 수 없었다. 부당함을 알리고 인사를 철회하기 위한 법적·행정적 절차를 밟기에 시간이 충분치 않았다. 일부 소득은 있었다. 교육청 중재에 따라 재단과 학교가 정관, 세칙, 인사위원회 규정 등을 개정하는 데 적극적으로 노력하겠다고 약속했다. 불합리한 인사 행정을 바로잡을 수 있는 단초를 마련했다.

이번 '사태'의 원인은 명백했다. 기준과 원칙 없는 인사, 인사위원회 규정의 미비와 형식적 운영 등이었다. 상대적 약자인 교사의 인사상 손해를 막기 위한 최소한의 제도적인 장치가 유명무실했던 데서 비롯된 것이다.

해당 교사는 사태 초기부터 이러한 문제를 적극적으로 제기했다. 전체 교사의 80퍼센트에 가까운 동료들이 그의 문제 제기에 적극 화답했다. 사립학교 교사들은 구조적으로 확실한 '을' 신분이다. 재단 관계자들이나 학교 관리자들 앞에서 자신들의 언어로 목소리를 내는 일이 쉽지 않다. 그런데도 그들은 자신들의 권리를 위한 '싸움'을 주저하지 않았다. 사소해 보이지만 그들에게는 분명 '용기 있는 결단'의 순간들이었다.

'극적' 변화가 찾아왔다

나와 너와 적과 동지. 오늘과 내일 또는 어제와 오늘. 객관과 주관 혹은 기표와 기의. 사랑 그리고 미움. 그 밖의 서늘한 이항대립쌍을 떠올리는 밤.

아침이 기다려진다. 우리 모두는 각자 어딘가에 선다. 나는 오늘 학교 교문 앞에 선다. 공공적 책무성과 민주주의가 학교의 밑바탕에 있기를 바라는 마음 때문이다. 교문을 지나는 아이들과 선생님들이 조금 물렁해졌으면 좋겠다.

학교는 민주주의의 산 교육장이다. 존 듀이가 한 말이라고 한다.

1일 차 1인 시위를 앞둔 지난 2월 18일 새벽, 페이스북에 올린 글이다. 읽는 이들에게 약간의 비장감이 전달되도록 사뭇 정색을 해 과장된 어조로 썼다. '공공적 책무성'이니 '민주주의'니 하는 말들을 진지하게 성찰해 보았으면 하는 바람이 컸다. 존 듀이의 말을 인용한 까닭이 여기에 있었다. 그렇다. 나는 이번 인사 문제를 계기로 우리 학교 교사들 모두가 '학교 정치'를 한 번쯤 성찰해 보기를 원했다.

학교 정치를 되작이다가 맨 처음으로 (적대적이고 모순적인) '나와 너'를 떠올렸다. 이른바 '이항대립쌍'. 독일 철학자 카를 슈미트에 따르면 어떤 분야에서 다루어지는 문제를 파고들다 보면 궁극적인 구분이나 이분법에 도달한다고 한다. 그는 정치 분야에서의 궁극적인 이분법을 '적과 동지'로 규정했다. 적어도 그때까지 내 머릿속은 연대 서명에 동참하지 않은 20퍼센트의 동료들이 어지럽게 들어차 있었다.

며칠 뒤 '극적' 변화가 찾아왔다. 전화 서명 작업을 함께한 한 동료의 이야기가 계기였다. 연대 서명 건을 화제로 어느 선생님과 한 시간 넘게 통화를 했다고 한다. 그 선생님은 말하자면 '관망파'였다.

보기에 따라 '양다리파'로 볼 수도 있겠다.

그런 그가 그즈음 제법 긴 고뇌의 시간을 보냈다고 한다. 서명지 문건 마지막에 인용한, "역사는 이렇게 기록할 것이다. 이 사회적 전환기의 최대 비극은 악한 사람들의 거친 아우성이 아니라 선한 사람들의 소름 끼치는 침묵이었다고"라는 마틴 루터 킹 목사의 말 때문이었다고 한다. 그는 끝내 '대화'를 강조하면서도 상황이 여의치 않을 경우 서명지에 자신의 이름을 올리라고 말했다!

정치는, 다수가 함께 살아갈 수밖에 없는 인간 사회에 필수 불가결한 수단이다. '적과 동지'가 함의하는 대립적 투쟁을 본질의 하나로 갖고 있으면서 동시에 조정과 타협과 합의라는 또 다른 본질을 갖는 이유다.

학교 정치 또한 마찬가지 아닐까. 학교는 다양한 '정치 주체'들이 얽히고설켜 있다. 교장과 교감 등 학교 관리자와 교사들, 교사와 교사, 교사와 학생, 학생과 학생, 학급과 학급 들이 각자의 이해관계를 갖는다. 이들이 맺는 상호 구도와 관계 여하에 따라 학교의 분위기와 '색깔'이 결정된다. 그 과정에서 학교의 잠재적 교육과정과 학교 정치가 형성된다.

상호 쟁투하며 공멸을 향해 가는 학교인가, 공존을 지향하는 학교인가. 학교가 "민주주의의 산 교육장"이라는 존 듀이의 명제를 고려할 때, 적과 동지의 정치론보다 타협과 합의의 정치론이 좀 더 지배적이어야 하지 않을까. 그것이 '교육 기관'인 학교 조직에 맞는 '교육적'인 방식의 정치다.

교무실과 교실을 넘어서는 말과 목소리

문제는 타협과 합의의 정치를 위한 최소한의 민주적인 학교 시스템이다. 공정하고 엄정한 교원 인사, 참여와 숙의에 기반한 상향식 의사 결정, 자발성과 자율성에 터 잡은 교육 활동 보장 등이 이를 뒷받침하고 있어야 한다.

학교 현실은 사뭇 다르다. 가령 교원 인사 시스템을 보자. 공립학교 교원인사위는 자문 기구다. 인사 관련 안건에 대해 의견을 개진할 수 있는 권한만 있다. 법적 강제력이 약하다. 그렇기는 하지만 정량제 중심의 인사 평정 시스템이 형식적인 '객관성'을 담보함으로써 내부 반발을 최소화한다.

사립학교 교원인사위는 사립학교법 제53조의 4의 1항에 따라 심의 기구 성격을 갖는다.* 인사위원들이 인사 관련 안건을 객관적이고 투명하게 조사하고 토론하여 결정해야 한다. 교장이나 사학재단 이사장은 특별하고 불가피한 사정이 없는 한 인사위의 결정에 따라야 한다. 관련 대법원 판례도 있다.** 법적 의미의 '의결 기구'가

---

* 제53조의4(교원인사위원회) ① 각급학교(초등학교·고등기술학교·공민학교·고등공민학교·유치원과 이들에 준하는 각종학교를 제외한다)의 교원(학교의 장을 제외한다)의 임용 등 인사에 관한 중요 사항을 심의하기 위하여(밑줄-필자) 당해 학교에 교원인사위원회를 둔다.

** 2006년 학교법인 동일학원이 중앙노동위원회 위원장을 상대로 대법원에 낸 부당노동행위구제재심판정취소 상고 소송(사건번호: 2006두17949)에서 대법원은 사립학교 인사위가 '심의 기구'로 규정된 취지가 사립학교 운영에서 인사의 객관성, 공정성, 투명성을 통해 학교 발전을 도모함을 목적으로 하는 것으로 풀이된다고 하면서, 이러한 취지에 비추어 볼 때 인사위에서 심의한 내용은 교원의 인사권자에 대하여 법적인 기속력은 없다고 하더라도 최소한 이와 배치되는 결정을 하기 위해서는 합리적인 사유가 있어야 함을 강조하였다. 당시 대법원은 동일학원 산하 동일중학교 인사위가 2004학년도 학급 담임 배정과 관련하여 담임을 희망하고 있는 교원을 우선적으로 담임으로 배정하는 원칙을 정

아니지만 그에 준하는 엄격한 기능을 갖는 회의체다. 사학재단의 독단적인 판단에 따른 인사 전제를 막기 위해서일 것이다.

이와 같은 제정·운영 취지를 고려하여 인사위를 꾸려 가고 있는 사립학교나 사학재단이 얼마나 될까. 인사위 규정이 제정 및 운영 취지를 살릴 수 있도록 구성되어 있는지 한 번쯤 확인해 본 사립학교 교사는 또 얼마나 될까. 법을 지켜야 할 주체들이 법을 무시하고, 법 준수 여부를 날카롭게 감시해야 할 또 다른 주체들이 법을 도외시하는 게 작금의 학교 현실이다. 온전한 의미의 '정치'가 설 자리가 없다.

정치 혐오주의는 오래된 '풍습'과도 같다. 정치를 사갈시하는 이들이 많다. 학교 안에서 정치는 금기어 취급을 당한다. 헌법 제31조 4항[***]이 '보장'하는 '권리'인 교육의 정치적 중립성은 교사들의 복무규정에서 요령부득의 '의무'로 둔갑해 있다. '정치적' 선택과 결단으로부터 자유로운 교육 활동이 없건만 모든 교육 활동이 '중립'이라는 무균질의 세계에 갇혀 있기를 요구받는다. 불가능과 기만의 시스템이다.

루돌프 폰 예링은 "권리 위에 잠자는 자는 보호받지 못한다"라는 유명한 말을 남긴 독일 법학자다. 그는 《권리를 위한 투쟁》에서 이

하고 그에 따라 담임을 배정한 후 이러한 심의 내용을 교장에게 제출하였으나, 교장이 이와 달리 담임으로 배정되어 있던 전교조 조합원만을 담임 배정에서 제외하면서 그 자리를 전원 비조합원으로 대체시킨 점이 부당노동행위에 해당한다고 보고 상고를 기각하였다.

*** 제31조 ④ 교육의 자주성·전문성·정치적 중립성 및 대학의 자율성은 법률이 정하는 바에 의하여 보장된다.

렇게 말했다.

> 법의 목적은 평화이며, 평화를 얻는 수단은 투쟁이다. 법이 부당하게
> 침해되고 있는 한—그리고 세상이 존속하는 한 이러한 현상은 계속
> 된다—법은 이러한 투쟁을 감수하지 않으면 안 된다.
>
> - 루돌프 폰 예링, 《권리를 위한 투쟁》, 책세상, 37쪽

학교는 어느 곳, 어느 때보다 정치적이어야 한다. 학교 민주주의
를 방해하는 온갖 구조, 제도, 규정들이 온존해 있다. 가장 정치적
이면서 가장 비정치적일 것을 요구하는 기만의 시스템이 교무실과
교실을 지배한다. 예링이 말한 '투쟁'이 필요한 이유다. 학교 정치의
필요성도 여기에 있지 않을까.
정치는 어딘가에 '서는' 것이다. 어떤 언어로 무언가를 '말하는'
것이다. '나'는 어디에 서 있는가. '적과 동지'는 누구인가. '적'과의
대화는 어떻게 할 것인가. '나'의 언어는 권력자가 부여한 것인가,
'나' 자신의 것인가. '나'는 '나'의 언어로 목소리를 내고 있는가.

'정치' 함부로 욕하지 마라
너는 언제 뜨거운 '정치' 한번 해 본 적이 있느냐.

지난 2월 말, 부당 전보 철회 요구와 민주적인 인사위 규정 개정
을 촉구하는 집회를 마치고 늦은 오후에 쓴 패러디 글이다. 민주

주의는, 이를 실천하는 이들이 있어야 산다. 각자의 명확한 정치적 위상과 언어를 바탕으로 불합리한 구조에 저항할 때 명맥을 유지한다. 침묵과 냉소는 학교 정치의 최대 적이다. 봄이 오는 길목에서 학교 민주주의를 키우는 일을 찬찬히 생각해 본다.

| 2016년 3·4월, 《오늘의 교육》 31호 |

정은균 전북 중등 교사

학생들을 만날 때 "학생은 '교복 입은' 민주주의 시민"임을 강조하는 국어 교사입니다. 학교가 민주주의의 산 교육장이라는 믿음을 갖고 책 읽기와 글쓰기와 현장 실천을 위해 나름 애쓰고 있습니다. 《교사는 무엇으로 사는가》, 《시 공부의 모든 것》, 《국어와 문학 텍스트의 문체 연구》, 《한글 이야기》 등의 책을 냈습니다.

정치적이나 정치적이지 않다

나의 수업 평가 방식은 왜 문제가 되었나

최병우 전남 중등 교사

인간의 삶은 경제가 근본이고 그 경제를 어떻게 분배하느냐가 정치이다. 그래서 경제와 정치는 동전의 양면이다. 여기서 파생하여 인간관계에서 누구에게 힘이 쏠리느냐 또는 원만함이나 불편함을 결정하는 행위들도 일상에서는 '정치적'이라 표현한다.

인간이 모여 사는 모든 곳에는 정치적 요소가 담겨 있고, 학교의 교육 활동도 정치 활동의 하나이다. 학교에서 나는 정치적인가?

수업의 완성형을 지켜 내려

나는 도덕 교사로서 서울에서 20년, 전라북도에서 11년을 살았고, 2016년 3월부터 전라남도에서 살고 있다. 서울에서는 전교조를 지키기 위한 투쟁, 합법화 이후 학교에서의 민주화 싸움들이 정치적 이슈였다면 전북에서는 서울과 달리 평가와 가부장 문화가 이슈였다. 두 지역의 이슈 이면에는 공통된 이데올로기가 있다. 그 이데올로기는 '평등'이다.

서울에 있을 때 내 교육관은 두 번 바뀌었다. 교직 초기에는 지식 중심의 강의를 했다. 해직을 거쳐 복직한 후에는 '세상을 바꾸기 위한 실천적 인간'에 초점을 맞추었다. 그러나 도덕이 학생들에게 실천되지 않는 한갓된 지식에 머문다는 반성을 하게 됐다.

이후 몇 년의 시행을 거쳐 도덕 교과의 핵심 주제들(인격, 민주주의, 정의 등)을 추렸다. 한 주제를 가지고서 1~2개월 동안 집중해서 강의, 토론, 연극, 노래, 춤 등 다각도로 접근하였다. 나는 이 수업을 '주제 수업'이라 이름하고 수행평가를 학생들의 적극적 참여를 이끌어 내는 동기 부여 방법으로 삼았다. 협동을 학습시키기 위해서는 조별로 과제를 하게 했다. 조별 점수 차를 줄여 점수 부담을 낮추고, 학기당 8~15회 정도 실시했다. 중간고사 없이 학기 말에 치러지는 난이도 낮은 지필평가는 '오픈 북'으로 하였는데 일부 학생은 어떤 이유에선지 시험 시간 내내 교과서를 뒤적였다(너무 쉬워서 정말 이게 답일까 하는 의심이었던 것 같다). 전체 평가는 지필평가

30퍼센트, 수행평가 70퍼센트 비율로 하였는데 학기 말 학생들의 평균 점수는 85점 내외, 최하 70점 이상, 최고 98점 정도로 항아리 모양의 분포였다. 학생들은 대체로 점수에 만족하였다. 나는 한국 사회가 가야 할 현실적 모델로, 경제적으로 풍족한 중간 계층이 대다수이고 소수가 조금 더 부유하며 소수는 삶의 자존감을 잃지 않을 정도의 평균보다 조금 낮은 수준으로 생활하는 복지 국가를 염두에 두고 있었다. 수업은 대다수가 비교적 높은 평균 점수를 받고 구성원 전체가 점수 차가 크지 않은 학교 현장을 만들어 가는 길이었으며, 그 핵심이 수행평가였다.

전북의 한 중학교로 근무지를 옮겨 서울 방식으로 수업을 진행하자 학생들이 반발하였다. 서울과 달리 전북은 고등학교 입시 시험이 있어서 교과서를 중심에 두지 않는 수업이 학생들에게는 큰 부담이었다. 그래서 교과서 중심으로 수업을 하고 수행평가를 5~8회 하는 방식으로 타협하였다.

그런데 이번에는 학교장이 수행평가에 대해 반발하였다. 수행평가 비율을 50퍼센트로 줄이길 요구했다. 학교에 오지도 않는 심신장애 학생에게 만점을 준 것에 대해서도 심히 분노하였다. 심신장애 학생에 대해서는 학기 초 학생들의 동의(약자 배려)를 얻어 만점을 부여하였다. 그러나 학교장은 이를 문제 삼았다. 내가 설득이 되지 않자 성적관리위원회를 동원하여 공격하기 시작하였다. 먼저 학교장이 심히 화를 낸 후 밖으로 나가면 이어서 동료 교사들이 집단으로 공격을 하였다. 서울과 달리 전북은 회의에서 학교장의 의견에 이견을 다는 교사가 전혀 없었다. 일색이었다. 학교장 위촉으로 성적관리위원회에 참여한 한 학부모는 자기 이력을 자랑한 후 나를 한참을 비난하더니 대답은 하지 말라는 말로 끝냈다. 전교조 조합원인 동료들은 침묵했고 일부는 신경질적으로 소리를 질렀다. "선생님은 평등이 그렇게 중요하세요?"

학교장은 매우 집요했다. 어느 날 낯선 학부모가 찾아와서 "전쟁이 나면 교사를 제일 먼저 죽입니다……"라며 모욕을 주고, 또 어느 날은 장학사가 와서 유신 시대 음산한 지하실에서 취조하듯 야릇한 미소를 지으며 협박하였다. 학교운영위원회에서는 어느 학부모위원이 나를 거명하며 비난하였다고 한다.

1학기 말 성적을 제출하자 학교장은 직접 자신이 원하는 비율로 바꿔 다시 입력하였다. (상황에 따라 교장의 요구를 수용할 수도 있었겠지만, 당시 70퍼센트를 끝까지 고집한 것은, 우선 학교장이 교사의 평가권에 개입하는 게 부당했기에 이를 환기시키는 게 필요하다는 판단이었다. 그리고 수행평가 비율을 높일수록 지필평가 비율이 줄어든다. 학생들의 점수차를 좁히면 공부 못하는 학생들도 높은 점수를 받는다. 상향 평준화가 이뤄지는 것이다. 수행평가 70퍼센트 중 35퍼센트는 개별의 도덕 행위에 대한 평가로 학교나 집에서 도덕적 행위나 부도덕한 행위를 했을 때 조금씩 가감하는 것이었는데 이는 거의 만점을 맞고 수행평가도 당시 5점 이상 차이를 두지 않았다. 그러니 지필평가는 조금만 맞아도 전체 점수가 70점이 넘었다.) 2학기 말에는 학교장의 요구로 남원교육청 징계위원회가 열렸고, 다음 해 3월 징계와 함께 군산으로 강제 전출되었다. (전출된

곳은 상고였다. 이곳에서도 교감이 수행평가 비율을 줄이라 하여 몇 번 싸우기도 했다. 더욱이 이 학교는 성적이 80퍼센트 미만이었다. 점수가 아니라 사랑이 필요한 곳이었다. 만일 지필평가만 가지고 시험을 치르면 0점이나 10점대가 수두룩할 것이었다. 학생들에게는 점수를 후하게 줌으로써 편안하게 해 줄 필요(배려)가 있었다. 수업도 10~15분 정도만 했다. 그 이상을 넘어가면 대부분의 학생들은 힘들어하고 잠을 잤다. 수업이 불가능하였다.)

강제 전출 뒤 다시 도가니 속에

2년의 유배 생활을 마치고 돌아온 남원의 한 학교는 지리산 자락으로 경상남도와 접경인 오지에 자리한 중·고 통합 학교였다. 승진 점수가 필요한 교사들이 선호하는 학교로 지역 특성상 반 이상이 한부모 가정, 조손 가정 학생들이었다. 중1부터 고3까지 모든 학생이 아침부터 오후 6시까지 보충수업, 특기적성교육, 방과후활동 및 연구학교에 시달리고 있었다. 학생들이 보충수업이나 방과후 활동을 하지 않겠다고 하면 교사가 학부모에게 전화하여 종용하고 보충수업 시간에 수행평가를 하거나 진도를 나가기에 안 할 수가 없다는 증언이 있었다. 또 이 학교는 전라북도에서 6년간 리코더 경연에서 1등을 하였다는데 학생들은 아침에도 리코더, 점심때도 리코더, 수업 시간에도 리코더를 불었다면서 이제 '리' 자만 들어도 싫다고 하였다. 언젠가 교무 회의에서는 방학 중 보충수업을 하지 않겠다고 교장실에 찾아온 학생에게 보충수업을 하지 않는 대신 무엇을 할 것인지 계획서를 제출하라 하여 결국 보충수업에 참여시켰다는 학교장의 자랑이 있었다.

부임 첫해 가을, 학교장이 주최한 '내년도 학교교육 개선을 위한 교사 토론회'에서 나는 전체 학생 대상 설문 조사 결과(한 학년 학생 수가 평균 10~25명, 6개 학년 총 학생 수는 100명 정도이다. 이 중 약 20퍼센트 학생들만 현재에 긍정적인 답을 했다. 설문은 보충수업, 방과후활동, 특기적성교육의 효과와 필요성 유무를 묻는 것이었다)를 토대로 현재 전 학생에게 실시하는 보충수업, 특기적성교육, 방과후활동을 원하는 학생에 한해 특화된 맞춤 교육을 하고 연구·시범학교 사업을 하지 말자는 제안을 하였다. 그러나 교사들의 반응이 전혀 없었다. 딱 하나, 학생들에게 공포의 대상이었던 한 교사의 "저는 지금대로 진행하면 좋겠습니다"라는 짤막한 말 한마디가 전부였다. 그리고 비밀 투표 결과 스무 명 가까운 교사 중 나를 포함 세 명만이 찬성을 해 부결되었다. 그런데 부결로 끝난 게 아니었다. 이때부터 학교장과 대부분의 교사가 내게 적대적 태도를 보이며 2년간의 전쟁이 시작되었다.

교장은 내게 수행평가 비율을 줄일 것을 요구했으나 받아들일 수 없었다. 내게 수행평가 70퍼센트는 도덕 수업의 완성형이었다. 그러자 교장은 성적관리위원회를 열어 매우 집요하고 거친 공격을 하였다. 또 학교 아닌 직업훈련원에서 기술교육을 받고 있는 학생들의 수행평가(광주에 직접 두 번 찾아가 평가) 점수를 만점을 준 데

정치적이나 정치적이지 않다

97

대해 학교에 있는 학생들이 손해를 본다며 점수를 고치라고 요구하였다. 나는 만일 이게 문제라면 징계위원회에 회부하라고 하였으나 학교장은 교사들과 함께 점수 수정을 강요했다. 학교장이 회의 석상에서 하는 말이 하도 거칠어 항의를 하니 "너 기분 나쁘라 그런다!"며 노골적으로 적대감을 드러냈다.

학교장은 전교조 초기에 전북지부장을 지냈고 도교육위원까지 지낸 사람이었다. 그런데도 이상하게 당시 이명박 정부의 교육 정책을 일점일획 한 치의 오차도 없이 수행하였다. 그는 때때로 회의를 열어 거친 공격을 주도하였고 동료 교사들은 모두 학교장과 입장을 같이하였다. 그들은 회의 주제와 관련 없는 이야기로 공격하기도 하고 욕설은 물론 웃통을 벗어젖히고는 따라 나오라며 교장실을 뛰쳐나가기도 하였다. 어느 날인가는 학교장이 교장실로 부르기에 가 보니 교장, 교감과 한 담임 교사가 기다리고 있었다. 그들은 심히 무례한 학생을 복도에 세워 놓은 데 대해 무조건 교실로 들여보내라며 욕설을 하고 모욕을 가하였다. 그들이 조폭처럼 느껴졌다.

나의 수업은 정치적이고, 나는 정치적이지 않다

학교장과 동료 교사들은 왜 그리 인간성의 밑바닥까지 보이면서 집단 공격을 하였을까?

추측컨대 교육관의 차이가 불편했을 것이다. 게다가 대외적으로

는 모든 교육 개혁이 진행되고 있는 말끔한 학교인데 그 이면에는
학생들에게 지나친 강제를 하고 있는 것과 내용이 없는 형식들(교
무실 책꽂이에는 교육청에 보여 줄 노란 서류철들이 즐비하였는데 사업 관
련 서류와 그 서류의 근거가 되는 또 한 묶음의 서류철, 그 근거 서류의 근
거 서류들이었다)을 들킨 데 대한 불편함, 즉 돈과 승진을 향한 잔치
판에 속없이 끼어들어 모래를 끼얹는 자에 대한 집단 자위권 발동
이 아니었나 싶다. 나중에 이런 사실도 알게 되었다. 그들은 강제
보충수업뿐 아니라 거짓으로 서류를 꾸며 돈을 타냈고 심지어는
술자리 성폭력을 피해 젊은 여교사가 한 시간 동안 화장실에 숨
는 일도 있었다는 것이다. 그야말로 비리의 도가니였다. 그렇게 끈
끈한 그들끼리는 서로 술자리뿐 아니라 교무실에서도 늘 "○○야!",
"△△이 형!" 등으로 불렀다. 그러한 그들에게 나는 매우 위험한 공
공의 적이지 않았나 싶다.

　정치는 때로 자신의 이익을 위해 또는 불이익을 피하기 위해 타
협을 한다. 그래서 타협은 때로 정치를 지속 가능하게 하는 덕목이
기도 하다. 세속적 권력을 가진 교육감, 그와 유사한 권력을 형성한
전교조 전북지부 이 둘은 모두 상황 개입을 거부하였다.

　(도교육청에 그동안 보았던 학교의 파행적 운영 사례, 폭력들을 적어 진
정을 냈으나 도교육청 장학사는 당신도 다친다며 그냥 지나가길 권유했다.
거듭한 요구에도 교육청에서는 아무런 조처가 없어 결국 감사 요청서를 들
고 김승환 교육감을 직접 찾아갔으나 끝내 만나지 못했다. 한편 그해 전북
교육청과 전교조 전북지부 사이에 단체협약을 맺었는데 학교에서 벌어진

폭력 사안에 대해서는 전교조와 교육청이 함께 조사한다는 조항도 있었다. 이 조항을 들어 전교조 전북지부에 함께하길 요청하였으나 거절당했다.)

그들에 비해 화이부동하지 못한 나는 현명하지 못했다. 전북에서 두 번의 갈등 모두 피하지 않았고, 그 결과 지금껏 4년 반 동안 정신과 치료를 받고 있다. 정신과 의사가 다시 그러한 상황이 오면 어찌하겠느냐 묻기에 나는 똑같이 행동할 거라고 답하였다.

옛 그리스 땅에서는 자신과 국가의 정치적 신념이 다르면 다른 나라로 삶의 터전을 옮기곤 하였다는데, 지리산 자락을 찾아 서울을 벗어나 전북에 갔던 나는 11년 후 다시 전남으로 옮겼다. 전북에서는 모든 힘을 다 소진하여 이제 어떤 마음도 남지 않아서이다.

학교에서 나는 정치적인가?
나의 수업은 정치적이고, 나는 정치적이지 않다.

| 2016년 3·4월, 《오늘의 교육》 31호 |

최병우 전남 중등 교사

교직 처음에는 학생들과 첫사랑처럼 만나 일요일 저녁때는 월요일 만남을 떠올리며 가슴 설레었으나 지금은 순도가 예전 같지 않음. 정년 4년 반을 남긴 이제 다시 처음 4년 반처럼 학생들을 만나고 싶어 함.

정치적 중립,
모호하고도
굴욕적인

정치를 가르치는 교사의 아이러니

미나리 대구 초등 교사

교사가 되고 나서 엄청나게 훌륭한 선생님이 되겠다고 생각하는 건 아니지만 매해 빠지지 않고 해야겠다 마음먹는 수업들이 있다. 3월 8일 여성의 날, 4월 20일 장애인의 날, 12월 10일 세계인권선 언기념일의 계기 수업 같은 것들이다. 이것 말고도 많지만 진도 나가랴, 학교에서 하라고 하는 계기 수업 실적물 챙기랴 이러다 보면 한 시간 짬을 내서 다른 활동을 해 보는 게 만만찮은 일이다. 정말로 쉽지 않다. 물리적 시간이 만만찮은 것도 있지만 내가 완전히 기획하고 구성해야 하는 수업인 만큼 준비도 더 많이 필요하고 준비한 것과 전혀 다르게 수업이 되는 경우도 많아서 반성과 평가에도 훨씬 더 많은 노력이 필요하다.

2016년에도 3월 첫 주에 여성의 날 기념 수업을 했다. 학기 초라 준비를 제대로 하지 못했는데도 학생들과 의미 있는 이야기를 많이 했다. 특히 학생들이 내가 만든 학습지에 적혀 있는 '성평등'이라는 말에 대해 질문하면서 우리들의 대화는 폭발적으로 확장되었다.

"양성평등 아니에요?"

다양한 성 정체성과 성적 지향을 존중한다는 의미와 성을 여성 또는 남성, 두 가지 기준으로만 말할 수 없기 때문에 '양성'평등이 아니라 '성'평등이 더 맞는 용어라고 생각한다는 내 대답에 학생들 사이에서 트랜스젠더라는 말이 먼저 튀어나왔다. "트랜스젠더가 뭐야?"라는 어떤 학생의 말에 다른 학생들이 서로서로 대답해 주기 시작했는데 다행스럽게도 웃거나 농담하는 분위기는 아니었다. 이것저것 이야기가 오가다 너무 길어지길래 트랜스젠더에 대해서는 좀 더 많이 궁금해하는 것 같고 할 이야기도 많으니 다음에 따로 시간을 내어 이야기해 보기로 하고 다시 여성의 날 이야기로 돌아오려는 찰나 한 학생이 혼잣말처럼 말했다.

"누구든 될 수 있는 거네."

이런 게 선생 하는 재미라 해야 하나? 학생들이 선사하는 이 보석 같은 말들 말이다. '보람이라는 말이 이런 느낌인가 보다'라고 생각했다.

국가가 정해 주는 것

하지만 올해는 동성애 이야기는 하지 못했다. 나는 5학년 담임이라 실과 수업을 하는데 실과 1단원은 가정생활에 대한 내용이다. 가족 구성의 다양성에 대해 존중하는 태도를 가지는 것이 단원의 목표 중 하나이다. 예전엔 이 단원을 수업하면서 한부모 가정이나 조손 가정뿐만 아니라 동성 결혼 가정에 대한 내용 역시 다루었다. 여성의 날 기념 수업과 함께 잘 연결되기도 했고 학년 초에 새로 만난 학생들로 하여금 서로의 가족에 대해 존중하는 분위기를 만들도록 도와주는 수업 흐름이기 때문이었다. 그런데 올해는 망설이다 이야기를 하지 못했다. 성교육 표준안 때문이었다.

그 전에도 동성 결혼이나 다양한 성 정체성을 학생들과 이야기하는 것은 부담스러운 일이었다. 학생들이 집에 돌아가서 가족들에게 뭐라고 할까, 학부모 항의가 들어오지는 않을까 며칠씩 걱정했다. 직접적으로 항의를 받은 적은 없지만 돌려서 불만을 전해 들은 적이 여러 번 있기도 하다. 그러나 그런 항의나 민원은 내가 짊어질 몫이라고 생각한다. 성 정체성이나 동성 결혼만 그런 항의가 들어오는 것도 아니다. 매해 신실한 기독교 가정의 학생들이 한두 명씩은 학급에 있고, 그 학생들은 과학 시간이나 사회 시간에 진화론에 관련된 내용을 들으면 패닉에 빠진다. 관련 단원을 배울 때는 집에서 저녁마다 따로 수업 내용을 부정하는 교리 공부를 더 시키는 부모님도 보았다.

종교만이 아니다. 학생들은 수없이 많은 것들이 '선생님이 말한 것'과 다르다는 것을 매일 경험한다. '선생님이 말한 것'을 부정하는 사람도 수없이 만난다. 그리고 갈등하고 선택한다. 무엇이 맞는지 그른지. 그 갈등 속에서 담담히 내 이야기를 하고 학생이 자기 이야기를 찾을 수 있게 하는 것은, 그리고 보호자들이 날 신뢰할 수 있도록 설득하는 것은 그야말로 교사로서 나의 몫이다.

그런데 성교육 표준안은 상황을 다르게 만들었다. 나라에서 학생들에게 동성애는 말하면 안 된다고 표준안으로 정한 것이다. 이건 내가 항의나 민원을 스스로 감당하겠다고 결심하거나 다른 사람과 논쟁할 그런 성질의 것이 아니다. 내가 지켜야 하는 규칙으로서 나라가 내게 정해 주는 것이다. 그 전까지는 학생들과 동성애에 관해 대화하면 항의를 받지 않을까를 걱정했다면 이제 나는 '징계를 받지 않을까'가 걱정된다. 그래서 아직 결정하지 못했다. 실과 1단원을 어떻게 수업할지를. 징계를 감수해야 하는 걸까?

국가 앞에서 다물어지는 입

5월 15일은 학교에서 매해 열심히 기리는 스승의 날이다. 또한 그 날은 병역 거부자의 날이기도 하다. 초등학생이지만 남학생들은 이미 군대에 대해 지긋지긋한 체념과 두려움을 가지고 있다. 군대에 가지 않는다고 사람을 감옥에 보내는 전 세계 4개 나라 중 한 나라인 한국에 살고 있는 만큼, 아직 휴전 중인 분단국가에 살고 있는

만큼 군대와 전쟁에 대한 이야기는 꼭 해야 한다는 압박이 내게
있다. 하지만 병역 거부자의 날 기념 수업 역시 늘 끝까지 망설이게
된다.

　재작년부터는 비슷한 시기에 서해교전과 천안함 계기 수업을 하
라고 교육청에서 지침이 내려오기 때문에 더 망설이게 되었다. 계
기 수업용 영상 자료를 제작하여 교육청에서 학교로 보내주면 학
교에서는 방송을 통해 학생들에게 전달하는데 한번은 서해교전 교
육 영상을 보고는 너무 당황해서 중간에 꺼 버리고 말았다. 희생
된 군인들에게 위로금으로 1억 원인가 2억 원이 지급되었는데 한
어머니가 그 돈을 자신의 아들이 있던 부대에 전액 기부했다. 그
런데 그 부대에서는 기부받은 돈으로 커다란 무기를 샀고 희생자
를 기리겠다고 포탄에 전쟁으로 죽은 그 사람의 이름을 새겼다는
것이다. "○○○를 잊지 않고 우리나라를 더 강한 나라로 만들겠습
니다"라고 크게 외치는 사람들의 목소리가 아득하게 들렸다. 전쟁
으로 희생된 사람을 기리기 위해 더 크고 강한 살상 무기를 사는
나라라니……. 학생들과 함께 민주주의와 평화를 공부한들 아무
소용없는 거구나 하는 생각이 들었다. 내가 학생들과 해 온 그 많
은 이야기들이 모두 부정당하는 느낌이었다.

　사실 나는 국기에 대한 맹세를 하지 않는다. 교사가 된 후 처음
몇 해 동안은 나는 하지 않는 맹세를 학생들에게 어떻게 이야기해
야 할지 고민했다. 조회나 학교 행사 때마다 학생들은 가슴에 손을
얹고 나는 학생들 뒤에 서서 혼자 어찌할지 몰라 하고 있었다. 그

러다 이제는 학생들에게 나는 싫어서 안 하는 거니 여러분도 하고 싶은 사람만 하라고 이야기하고 있다. 하는 학생도 있고 안 하는 학생도 있다. 하지만 누군가 내게 왜 국기에 대한 맹세를 하지 않느냐고 물으면 대답하지는 못한다. 이미 한국은 국기에 대한 맹세를 거부했다고 교사를 징계했던 나라니까.

한번은 교육자료전이라는 대회에 나갔다. 수업에 사용하는 자료들을 만들어 출품하는 대회였는데 나는 5.18민주화운동을 내용으로 하는 영상 클립 자료를 만들어 출품했다. 이미 5.18 관련 영상 자료는 굉장히 많았지만 그 영상들이 대부분 시위대와 진압대의 충돌 장면뿐인 것이 싫었다. 피 흘리고 두들겨 맞는 모습들만 반복해서 보여 주며 이것이 민주주의이고 여러분도 이렇게 해야 한다고 말한다면 누가 시위에 참여하려고 할까 싶었다. 그 수많은 5.18 영상에 젊은 남자들만 등장하는 것도 불편했다. 자료를 찾아보니 초등학생 어린이 시위대도 있었고 시위대를 먹이기 위해 주먹밥을 종일 만들었던 도청 근처 시장 아주머니들의 이야기도 있었다. 좀 더 다양한 5.18의 모습을 담은 수업 자료 영상을 만들고 싶었고 대회에 참여하면 만든 영상을 좀 더 많은 사람들에게 보여 줄 기회가 생기게 되는 것이라 참여했다. 대회 심사일. 작품 설명 3분, 질의응답 7분이 팀별로 배당되었다. 시간이 짧아 영상을 다 보여 줄 수 없으니 노트북 하나엔 영상을 틀어 놓고 차트로 내용을 설명했다. 내 설명을 들은 심사위원이 물었다.

"왜 주제를 5.18로 했어요? 우리 지역의 역사적 사건들도 있는데."

"네, 교육과정상에 있는 사건 중에서 주제를 선정했습니다."

"아, 그래도…… 5.18은…… 아직 정리가 안 된 거거든. 알겠습니다. 수고했습니다."

대회 진행 요원과 뒤에 대기하고 있던 팀 모두가 당황했다. 질의 응답 시간이 늘 모자라서 쩔쩔매기 마련이었는데 거의 심사를 하지 않겠다는 분위기의 심사위원을 보고 나 역시 당황할 수밖에 없었다. 그리고 너무 화가 났다. 정리가 안 되었다니. 대체 무엇이? 그럼 전두환은 왜 사형을 선고받았는데? 그럼 왜 교과서에 '5.18민주화운동'이라고 적혀 있는 건데! 한동안 열이 가라앉지 않았다. 아무리 심사위원이라지만 한마디도 쏘아붙이지 못하고 온 게 너무 후회되고 내 스스로에게도 화가 났다.

그런데 그 다음 해에 역사 교과서 국정화 논란이 일었다. 교과서는 그야말로 자료에 불과하긴 하지만 또 한편으로는 그 자체가 국가의 교육 정책이기도 하다. 그 심사위원은 국정 교과서가 도입될 거라는 걸 알고 그랬던 걸까? 아니었겠지만 별별 생각이 다 들었다. 나는 4.19나 5.18 이야기도 이제 하지 못하게 되는 걸까? 하던 이야기를 못 하게 하고, 있었던 일을 없었던 일로 만드는 게 이렇게 쉬울 줄이야.

정치적 중립이라는 굴레는 힘들지 않다

세월호 사건이나 천안함 사건, 한미FTA 등 사회적으로 민감한 시기 때마다 교원의 정치적 중립을 강조하는 지시 공문이 내려온다. 그런데 그 정치적 중립이라는 게 굉장히 모호하다. 설명하기도 어렵다. 그냥 '침묵하라'라는 뜻에 더 가깝달까. 그래서 평소에 열심히 고민하지 않았던 것 같기도 하다. 그냥 싫다는 느낌뿐이었다.

그러다 교육의 정치적 중립에 대한 기획을 《오늘의 교육》에서 다룬다고 하기에 생각해 보았다. 교원의 정치적 중립 의무가 나를 힘들게 하나? 답은 '아니오'였다. 오히려 성에 관련된 이야기를 하는 게 더 힘들다. 내 스스로 정리되지 않은 내용들이 많기 때문에 가장 망설여지고 이야기하기 조심스럽다.

'아, 이건 좀 위험한데'라는 느낌은 학생들과 갈등을 겪을 때 더 심하다. 솔직히 사나흘에 한 번은 '이러다 신문에 나겠는데'라는 생각을 한다. 나의 잘못으로 혹은 내가 어쩔 수 없는 이유로 학생들을 반인권적으로 대하거나 수업을 파행적으로 하게 되는 일이 워낙 잦기도 하고 무단결석이나 학생 간 폭력 같은 사건 사고들도 매일같이 일어나기 때문이다. 아찔함은 그럴 때 지나간다.

반면 정치적 중립 의무는…… 힘들지 않다. 힘이 드는 것은 아니다. 다만, 정말 비참하고 정말 굴욕적이다. 목구멍에 있는 말을 내뱉지 못하는 그 비참함. 나는 선거에 내가 지지하는 후보, 내가 지지하는 정책이 뭔지 옆 사람한테 말 한마디 하지 못한다. 조금이라도 정당과 관련된 글이면 SNS에서 리트윗이나 '좋아요' 하나 무서워서 클릭하지 못한다. 그럴 때마다 온몸에서 느껴지는 그 굴욕감. 대체 나한테 투표권은 왜 있는 거지? 정치적이면 안 되고 정치적인 존재여서는 안 되는데 왜 투표는 하는 걸까? 주민세는 왜 내는 거지? 심지어 나는 정치 제도를 다른 사람들에게 가르쳐야 하는데. '바담 풍'이 따로 없다. 결국 남는 건 자괴감. 교사는 국가의 말단에 불과하다는 제도적 세뇌. 언제쯤 이 굴욕감에서 벗어날 수 있을까?

| 2016년 3·4월,《오늘의 교육》 31호 |

미나리 대구 초등 교사

스물두 살에 정당에 처음 가입했습니다. 교대에 다닐 때는 내가 지지하는 후보의 대선 교육 정책 난상 토론에 참여하기도 했습니다. 그렇게 민주 시민이 되었지만, 교사가 되고 난 후 탈당해야 했습니다. 이제는 민주 시민이 아닌 교사입니다.

묻어갈 수 없는 시대, 금지가 있는 곳에 정치가 시작된다

나는 왜 《416교과서》 계기 수업 공개 선언을 했나

조영선 서울 중등 교사

나는 김영삼 말 김대중 초에 20대를 보냈고, 노무현 초기에 교사가 되었고, 교사 7년 차부터 이명박근혜의 고난의 행군을 시작했다. 고난의 행군이라고 명명한 이유는 솔직히 이명박근혜 전까지는 대통령이 내 인생에 큰 변수가 아니었기 때문이다. 정치는 내 인생에 별 영향을 주지 못했다. 물론 이명박근혜 정권 이전에도 집회에 나가고 서명을 했었지만, 그때는 어떤 문제에 영향을 주고자 함인지 의제에 관심이 갔지 대통령이 누구냐에 대해서는 별 관심이 없었다. 그리고, 서명을 하거나 집회에 나가면서 내 개인이 어떻게 드러날지에 대한 고민도 없었다.

그러다 이명박근혜 정권을 맞이하여(?) 시국 선언을 했었다. 시국 선언의 의미를 몰랐기에 다른 서명과 비슷하다고 생각했다. 그런데 시국 선언 명단이 징계의 빌미가 될 수 있어서 신문에 아주 깨알같이 넣거나 영상에 빠르게 올라가도록 처리하는 것, 시국 선언으로 노조 전임자와 간부들이 징계를 받는 것을 보면서 뭔가 시대의 공기가 바뀌었다는 것을 느꼈다. 그러다 일제고사 투쟁이 시작되고 체험학습을 조직했던 교사들이 배제 징계를 당했다. 곳곳에서 같은 행동을 했던 교사들이 '나도 징계하라'라며 줄을 이어 명단 공개 선언을 했다. 그 이전에는 묻어갈 수 있었지만 이제 묻어갈 수 없었다. 정치는 나의 의견을 드러내고자 하는 것인데 똑같은 일을 하고서도 했다고 할까 안 했다고 할까를 고민해야 했다. 전교조의 지침이 결정될 때 징계 여부가 늘 논의의 중심이 된 것도 이때부터였던 것 같다. 개인이 할 수 있는 정치적 선택에 어느 수위든 뭔가를 감수해야 한다는 것, 그래서 중앙 라운드의 정치가 내 일상에 개입할 수 있다는 것을 알게 된 때가 아마도 그때였던 것 같다.

전교조 교사들이 개인적으로 좋아서가 아니라 내가 개인적으로 하려던 일을 조직적으로 묻어갈 수 있어서 전교조에 가입했던 나는 묻어가는 시대의 종말에 모드 전환을 해야 했다

정부가 조장한 계기 수업

그러다 세월호 참사가 일어났다. 그 전까진 대통령이 누군지에 대해 관심이 없었지만, 나는 이 정도의 일이면 정권이 바뀌어야 된다는 생각이 들었다. 누군가 청와대 게시판에 '대통령 퇴진하라'는 글을 올렸다는 소식을 들었고, 이어서 교사들이 연명으로 이를 요구한다는 연락을 받았다. 누군가 이 일로 잘릴 수 있다고 했다. 자유 게시판에 글을 올렸다고 잘린다고? 이상하다고 생각했지만, 말이 안 되는 일이 너무 많다 보니 그런 비상식적인 일도 가능하겠다는 생각이 들었다. 그러고 나서 실제로 조사가 있었고, 경찰에 고발되었고, 대표로 올린 선생님은 구속될지도 모른다고 했다. 가만히 있을 수 없었다. 그래서 나도 했으니 나도 구속하라는 기자 회견을 했다. 청와대 게시판에 43명이 1차 선언을 한 이후 2차, 3차 대국민 선언까지 계속되었다. 교육부는 경찰에 고발했고, 지난 2년간 경찰 조사를 받았고, 이 사건은 다시 검찰로 넘어갔다.

자유게시판에 아무리 퇴진하라고 해 봤자 퇴진할 사람이 아니었다. 그렇다고 가만히 있을 수도 없어서 세월호 1주기를 맞아 다시 111명이 퇴진 선언을 하게 되었고, 내가 대표로 이름을 올렸다. 그 건으로 2016년 2월에 자택 압수 수색도 당했다. 사실 자유게시판에 글을 올렸다고 20평 남짓한 아파트에 7명의 경찰관이 들이닥치는 것은 개그에 가까운 일이다. 징계 위협 앞에 맞설 수 있는 것은 실명 공개밖에 없었다. 옛날 같으면 묻어서 해서 아무도 모르고 넘어갔을 수도 있었던 일에 너무나 큰 징계를 하사하셔서, 뭔가를 할 때는 '저 합니다'라고 할 수밖에 없는 시대가 되었다.

그러다 세월호 2주기가 되었다. 누구나 그렇겠지만 세월호만 생각하면 어찌할 바를 모르겠다. 선내에서 '가만히 있으라'라는 방송이 나왔을 때 내가 그 안에 있었더라면 어떻게 했을까 하는 생각, 내가 일상적으로 하고 있는 입시 교육이 또 하나의 가만히 있으라는 방송이 아닐까 하는 죄책감이 마음을 후벼 판다. 이러한 분노와 죄책감 때문에 각종 세월호와 관련된 연대 활동을 해도 유가족 분들과 인사를 나누는 것이 아직도 어색하기만 하다. 헤아릴 수 없는 그분들의 아픔 앞에 내가 해 왔던 일이나 하고 있는 일들이 너무 왜소해 보이기도 하고, 나조차도 이 문제를 어떻게 책임져야 할지 아직도 모르겠기 때문이다. 무엇을 해야 할까 멍 때리고 있을 때 교육부에서 세월호 계기 수업 금지 공문을 내었다.

솔직히 《기억과 진실을 향한 416교과서》《416교과서》로 계기 수업을 할 계획이 아니었다. 국정 교과서 반대 선언을 하면서도, 다양한 교과서를 인정해 달라는 것이 아니라 교과서를 없애자는 것이 내 입장이었다. 그래서 《416교과서》를 낸다는 것이 과연 무슨 의미일까 하는 생각이 들었다. 그런데 교육부가 "가치 판단이 미성숙한 학생들에게 부정적인 국가관 조장, 사실 왜곡, 비교육적 표현 등 '교육 자료로 부적합'한 것으로 확인된 바"라는 표현을 하는 것을 보고 급 관심이 생겼다.

대한민국 교육이라는 위태로운 배에서 또다시 '가만히 있으라'라

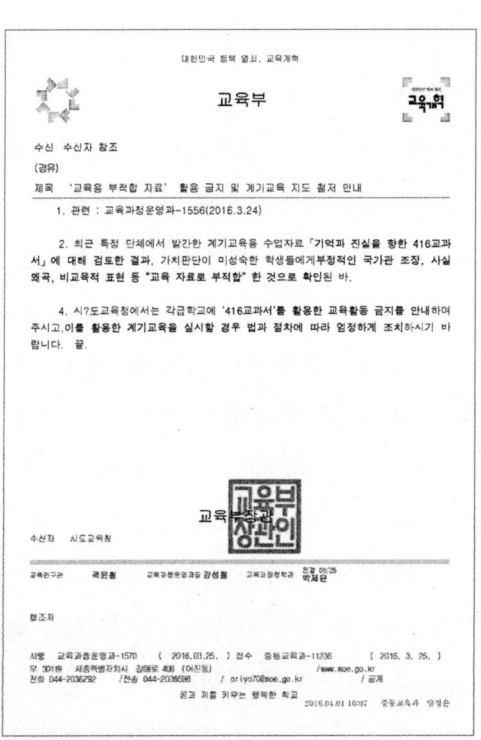

대한민국 행복 열심, 교육개혁

교육부 교육개혁

수신 수신자 참조
(경유)

제목 '교육용 부적합 자료' 활용 금지 및 계기교육 지도 철저 안내

1. 관련 : 교육과정운영과-1556(2016.3.24)

2. 최근 특정 단체에서 발간한 계기교육용 수업자료「기억과 진실을 향한 416교과서」에 대해 검토한 결과, 가치판단이 미성숙한 학생들에게 부정적인 국가관 조장, 사실 왜곡, 비교육적 표현 등 "교육 자료로 부적합"한 것으로 확인된 바.

4. 시도교육청에서는 각급학교에 '416교과서'를 활용한 교육활동 금지를 안내하여 주시고, 이를 활용한 계기교육을 실시할 경우 법과 절차에 따라 엄정하게 조치하시기 바랍니다. 끝.

교육부 장관인

수신자 시도교육청

교육연구관 곽문철   교육과정운영과장 강성ههم   교육과정정책관 전결 03/25 박제윤

협조자

시행 교육과정운영과-1570   (2016.03.25.) 접수 중등교육과-11236   (2015. 3. 25.)
우 30119 세종특별자치시 갈매로 408 (어진동)   / www.moe.go.kr
전화 044-2036292   /전송 044-2036598   / pr.iyo70@moe.go.kr   / 공개
꿈과 끼를 키우는 행복한 학교
2016.04.01 16:07 중등교육과 양정순

교육부에서 내려보낸 세월호 계기 수업 금지 공문.

는 선내 방송이 울려 퍼지는 느낌이었다. 그래서 적어도 지금 어떤 상황인지 학생들과 나누어야 된다고 생각했다. 동시에 이런 공문을 뿌릴 수 있다고 생각하는 오만함에 화가 났다. 금지한 것을 대놓고 해야겠다는 생각이 들었다. 그래서 '416 계기 수업 교사 선언'을 하게 된 것이다.

금서가 된 책을 함께 읽었다

416 계기 수업을 어떻게 해야 할까도 무척 고민이 되었다. 세월호는 한 번도 제대로 진상 규명이 된 적이 없기에 학생에 따라 정보의 양이 다르고, 느끼는 감도 다르다. 예를 들어 세월호에 의해 희생된 학생들을 추모하지만 기억교실은 추모관으로 옮겨야 한다고 생각하는 학생들도 있었다. 그런 상황에서 교육부는 나에게 기회를 준 것이다. 내가 계기 수업으로 진행한 활동은 이러했다.

"지금 나눠 드리는 이 책은 교육부가 "가치 판단이 미성숙한 학생들에게 부정적인 국가관 조장, 사실 왜곡, 비교육적 표현 등 교육 자료로 부적합"한 것으로 확인하여 금서가 된 책입니다. 여러분이 직접 보고 이 책에 대해서 어떻게 느꼈는지, 그리고 교육부에게 하고 싶은 말을 써 주세요."

주옥같은 여러 글이 있었는데 그중 몇 가지만 소개한다. 학생들은 정확히 알고 있었다. 사실 이 책을 금서로 지정한 사람들은 이 책을 제대로 읽지 않았다는 것을.

이 책이 왜 금서예요? 진짜 교육청이든 청와대든 이 책을 다시 읽어 보셔야 될 것 같아요. 대통령은 이 책 읽어 보셨어요? 아 진짜 짜증 나요. 아직까지 세월호 사건이 일어난 원인도 모르고 많은 이야기만 나오고 정확히 알려 주지도 않잖아요. 진짜 그 학생분들은 얼마나 힘들었을까요? 생각해 보셨어요? 이거 교육청, 청와대 사람이 본다면 사직서 내요, 그냥.

그리고 이 책을 금서로 만든 이유도 정확히 꿰뚫고 있었다. 감추려는 자가 바로 범인이라는 것을 말이다.

《기억과 진실을 향한 416교과서》를 읽어 보면 알겠지만 정말 이 책의 목적은 순전히 다신 이런 대참사가 일어나지 않게 하자, 그리고 희생된 천사들을 잊지 말자는 경각심을 심어 주는 것이다. 이 세월호 참사라는 이름으로 정부를 비판한다면서 이 책을 금서로 만든 사람이 너무 밉고 어떻게 이러한 슬픈 일을 가지고 그런 걱정부터 하는지 이해가 안 되고 내가 다 창피하고 화가 난다. 그리고 있어서는 안 되지만 이와 비슷한 사건이 다시 일어난다면 또 은폐하고 숨기고 거짓 증언을 하고 그럴 생각인가 보다. 이런 생각을 하게 한 교육부가 한심하고 너무 화가 난다. 쌤! 책 보여 주셔서 정말 감사합니다. 세월호 참사 잊지 않을게요.

선박이 침몰한 '사고'가 아니라 국민을 구조하지 않은 '사건'이라는 구절이 마음에 와 닿았다. 세월호와 관련되어 있는 국가의 잘못이 있기 때문에 이 책으로 수업하지 못하게 한 것 같다. 그 잘못을 인정하고 용서를 빌기보다는 잘못을 숨기려고 하는 게 올바른 태도는 아닌 것 같다는 생각이 든다. 유가족들에게 어마어마한 큰돈을 준다 한들 돌아가신 분들이 다시 살아 돌아올 수는 없는데 돈으로 해결하려는 것

같은 느낌이 들었다. 교육부가 학생들에게 이 책을 금지하도록 하는 데
에는 그만큼 떳떳하지 못한 이유가 있기 때문이 아닐까라고 생각한다.

표현의 DNA 깨우기

사실 세월호 계기 수업을 둘러싸고 주로 이야기가 되었던 것은
진실을 감추려는 정부와 진실을 알리려는 교사들 사이의 대립이
었다. 학생들이 이 진실에 어떻게 접근할 것인가에 대한 논쟁에서
도 정작 학생의 입장은 배제된 것이다. 어찌 보면 세월호 참사에 대
한 아픔이 '(아직 미성숙하여) 가만히 있으라는 정보를 곧이곧대로
들은 학생들의 희생'이라는 이미지에 갇혀 있기 때문이 아닐까? 서
로가 이야기하려는 진실의 내용이 다를 뿐 이 사건을 대하는 학생
들의 주체성을 어떻게 바라봐야 할지 우리는 정말 교육부와 다른
입장을 갖고 있는 것일까?

그래서 나는 세월호 참사에 대해 잊지 말자고 하는 것만큼이나
교육부가 이 책을 금서로 지정했다는 사실을 학생들과 공유하려
고 애썼다. 금서 조치 자체가 가만히 있으라는 선내 방송 같다는
나의 느낌은 학생들도 공유하고 있었다.

이 책은 학생들과 우리나라 국민들에게 읽혀야 할 것 같다. 이 책을
금서로 지정한 것은 세월호 사건 때 단원고 학생들에게 한 것과 똑같
은 짓 같다. 우리도 진실을 알 권리와 의무가 있다.

학생들에게 알 권리, 판단할 권리, 자신의 목소리를 낼 권리가 있습니다. 책이 유해한 것인지 아닌지는 그 책을 읽는 학생들이 판단할 몫이라고 생각합니다. 저는 이 책을 읽고 기억해야 할 일에 대해 자세히 알게 되었고 앞으로 잊지 말아야겠다는 생각을 했습니다. 이 책을 읽은 당사자인 학생들이 그렇게 느꼈는데 그것을 어른들이 금지할 권리가 있을까요? 치우친 생각이라고 비판을 하는 것 역시 이 책을 읽은 학생들의 역할입니다. 입맛에 맞지 않는다고 금지시켜 버리는 것이 세월호 그날의 거짓들과 다를 게 무엇일까요? 우리가 알고 우리가 감당하겠습니다.

세월호 이후, 교육이 변화해야 한다고 했지만 세월호에 대한 어떤 책조차 읽고 못 읽고를 국가가 결정하고 그에 따라야 하는 학생들의 처지는 전혀 나아지지 않은 것이다.

나는 중립을 지키는 것이 교사의 판단을 이야기하지 않는 것이라고 생각하지 않는다. 오히려 가만히 침묵하는 것이 중립을 지키지 않는 것일 때가 많기 때문이다. 다만 교사에게 절대적으로 쏠려 있는 교실의 권력 구도 안에서 평형을 지키기 위해 의지적으로 학생들의 의견이 보다 자유롭게 표현될 수 있도록 하는 것, 그리고 학교 교육과정을 통해 입막음되어 있는 표현의 DNA를 일깨우는 것이 필요하다고 생각한다. 그러기 위해서는 세월호 등 특정한 의제에 대해서만이 아니라 일상적으로도 자신의 생각을 자유롭게 드러내고 영향을 미치는 활동, 즉 자신의 정치를 할 수 있도록 하는 것이 중요하다고 생각한다.

　그리고 나도 교육부가 정권의 하수인으로 '정치적 중립'을 어기는 공문을 보내는 것에 도전하기 위해 《416교과서》 계기 수업을 했다는 선언을 했다. 교육부에 도전하는 것은 진실을 알리는 것만큼이나 중요하다. 《416교과서》가 4.16 세월호 참사와 관련된 모든 진실을 담고 있다고 생각하지는 않는다. 하지만 적어도 누군가의 생각으로 교실을 지배할 수 있다는 그 생각에 짱돌을 던지기 위해서 《416교과서》로 수업하고 그 사실을 공개 선언했다. 묻어갈 수 없는 시대는 이렇게 별것 아닌 일도 별것이 되어 버리게 만든다.

조영선 서울 중등 교사

교사로 '행복한 밥벌이'를 하기 위해 고군분투하다가 학생인권을 만났습니다. 학생인권을 통해 '내 안의 꼰대스러움'으로부터 해방되면서 학교를 견디는 힘이 커지고 있어요. 학교에서 좌충우돌하는 것을 귀찮아하지 않는, 괜찮은 교사이기보다는 '괜춘한' 인간이고 싶습니다.

나는
너와 함께
물가를 걷겠다

학생들한테 배운 중립의 참뜻

강성규 대구 중등 교사

세월호 계기 수업은 결국 경고 한 장으로 끝났다. 하얀 봉투에 수줍게 접어 넣어 책상 위에 얹어 두고 교감 선생은 바삐 학생부 교무실을 나갔다. 한 달여의 요란스러운 난리에 마침표를 찍고 싶은 학교와 교육청의 마음이 애잔하게 느껴졌다. 일사불란하게 와서 조사할 때는 언제고 저리 바삐 나가는가. 슬프다. 소위 교육 수도 대구여. 잠시, 2016년 5월 11일을 기억한다.

5월 11일 수요일. 이미 전날 저녁 교감 선생을 통해 연락을 받았다. 4월에는 《기억과 진실을 향한 416교과서》(《416교과서》) 활용 계기 수업 건으로 대구시교육청 감사관실의 조사를 받은 바 있다. 그날 제출하지 않은 일부 사진 자료 요구와 학생들의 반응에 대한 설문 조사 차 나온다는 것이다. 무덤덤했다. 4.11 현장 교사 선언 후 득달같던 연락과 확인 이후 감사관들에게 학교에서 조사를 받은 날까지가 긴장의 절정*이었고 이후로는 잠잠한 일상 속에 교육청도 손을 놨는가 싶었다.

그런데 〈한겨레〉에 투고한 글**이 화근이었나 보다. 교육부의 명령으로 다시 시작된 조사. 교육청 장학사 13명과 감사관 2명이 8시도 안 되어 학교에 왔다. 한 사람은 교문 지도를 하는 내 근처에 서서 얼쩡거렸고 장학사들은 교장실에 있다는 이야기를 들었다. 심장이 조금 더 빠르게 뛰었다. 약간의 오기, 장난기, 불안감이 뒤섞여 설문지를 봐야겠다는 생각이 들었다.

교장실에 노크를 하고 들어가 흰머리 지긋한 장학사들에게 부러 능청맞게 인사를 건넨다.

"안녕하십니까? 저 때문에 고생 많으십니다."

* 총선 이틀 전인 2016년 4월 11일에 《416교과서》로 세월호 2주기 수업을 하겠다는 전국 현장 교사 선언을 하였다. 학교명을 함께 밝혀서인지 바로 다음 날 학교장 확인이 들어왔다. "수업할 겁니까?" 하기에 "벌써 했습니다" 했다. 4월 14~15일 재량 휴업일과 개교기념일로 쉬면서 〈한겨레〉에 기고할 글을 썼다. 그 와중에 교무부, 교감 선생의 전화를 연이어 받으면서 수업에 대해 구체적으로 확인을 당하였다. 다음 주 월요일(4월 18일) 시교육청 감사관 2명과 장학사 1명이 와서 회의실에서 조사를 하였다. 팽목항과 단원고 기억교실을 직접 찍은 사진 자료는 제출하지 않았지만 학습지를 제출하고 내 수업을 자세히 소개하였다. 그들이 다녀간 후 그날 밤 교육청 담당 과장으로부터 흘러나온 말을 지인에게 전해 들었는데, '대구와 충북 징계 확정, 내 손을 떠났다'라는 말에 잠을 이루기가 쉽지 않았다.
** "'중립'을 지키기 위한 나의 '416교과서' 수업", 〈한겨레〉, 2016년 4월 19일. 나는 〈한겨레〉 '왜냐면'에 투고한 이 글에서 내가 한 세월호 수업을 생생하게 묘사하려 애썼다.

한 사람이 인사를 받는다. 교장 선생은 가만히 있다.

"제 일이니까 설문 문항을 좀 보고 싶습니다."

"안 됩니다. 끝나고 보여 드립니다."

"끝나고 또 오겠습니다. 수고하십시오."

설문 후에 다시 요구하였으나 어디서 들어 본 건 있는지 열람만 가능하단다. 그래서 그 자리에서 외우는 시늉을 하였다. 잘 외워지진 않았다. 하지만 이미 한 학생이 몰래 '폰카'로 설문지를 찍어 두었다가 나중에 전해 주었다. 물론 동영상 녹음도 함께. 아, 살아 있는 사람들!

설문 조사는 8시 35분에 예정되어 있었다. 고맙게도 2학년 담임들이 설문 조사 협조를 거부하였다. 나는 어디 앉아 있을지를 모르다가, 심사 결과를 기다리는 가수 지망생 같은 심정으로 복도를 오가는데, 태연한 두 발에 자꾸 조바심이 따라온다. 장난기와 불안이 섞인 그 마음으로 설문 5분 전쯤 교무실에 들어가 각 반 교실로 나가는 방송 스위치를 켜고 마이크를 잡았다. "아아~ 2학년 학생들에게 전달합니다. 선생님이랑 공부하는 학습 동아리 학생들, 그리고 샘이랑 함께 문학을 기본부터 공부하는 훌륭한 학생들은 이제 곧 하는 설문 조사 잘하시고 끝나자마자 교무실 앞으로 와 주기 바랍니다. 전달 사항 있습니다." 일상적인 방송인데 괜히 울컥한다. 나중에 들어 보니 교실에 있던 녀석들도 짠했다더라. 이심전심인가.

수업의 중립성에 대한 학생 설문 조사는 2학년 11개 반 모든 교실에서 진행되었다. 이후 비록 자습 시간이긴 했으나 장학사들이 학교에 와서 일제히 한 교사에 대한 고발성 설문 조사를 통해 무언가 캐내려 한 행위는, 대구 시민들, 곧 지역에서 전교조 활동을 하며 만난 내 친구들, 이웃들의 거센 자발적 항의 행동에 직면하게 되고 〈대구 MBC〉 보도 이후 여론의 질타를 받게 된다. 2학년 학생은 〈미디어오늘〉에 글을 올려 자신의 세상에 대해 알 권리를 가로막지 말라고 주장했고, 대학 우체국 소인이 찍힌 졸업생의 편지가 도착했으며, 대구시교육청 자유게시판은 작년에 수업을 들은 3학년 재학생들의 지지 글이 굴비 엮듯 올라왔다. '살아 있는' 사람들의 시간이었다. 물결치는 역동의 순간들이었다. 가만히 있지 않은 시간들이었다. 가슴 한복판이 짜르르 떨렸다.

스스로 생각하고 판단하는 힘

나는 사실 편향된 수업을 한다. 해 왔다. 성서고에서는 4대강 비판 수업을 했다. 지율스님과 한강, 낙동강을 걸으면서 겪은 일들을 사진과 함께 소개하며 현장의 폭력을 알렸다. 언어가 워낙 거칠었는지 '대구경북미래리더연합' 의장 학생이 왜 4대강 사업의 장점은 소개하지 않느냐고 항의했다. 장점은 없다고 했다. 내 말은 거칠고 단호했다. 밀양 송전탑 싸움, 쌍용자동차 투쟁 이야기, 남방큰돌고래 제돌이 이야기, 위안부 할머니 김순악 이야기, 로드킬 이야기 등 내 보충수업과 정규 수업 중 자투리 수업은 주로 이런 테마 수업들이었다. 교과서를 쓰는 것은 최소화하려 애썼고 교육과정에 제시된 학습 목표에 맞춰 세상 소식을 담은 좋은 글들을 편집해 함께 읽고 토론하였다. 생명, 평화, 인권, 민주주의라는 붕 뜬 언어들을 교실에 구체적으로 와 닿게 하고 싶었다. 시와 에세이를 연결하였고 시 수업에서는 꼭 기타를 치며 노래를 불렀다. 나에게 이런 수업은 재량이고 자율이며, 생명이었다. 학생들은 환호했고 좋은 말들이 내 귓가를 따라다녔다. 우쭐했다. 하지만 물론 그것이 전부는 아니었다. 내 수업은 너무 정부 비판적이었고 나는 욕을 잘하고 자주 흥분했으며 적대적이고 치우쳐 있었던 것이다. 어느 순간 다소 불편해하는 학생들의 마음의 결들을 나도 느끼기 시작했다.

〈미디어오늘〉 학생 인터뷰 기사에 성서고 졸업생이 댓글을 달았다. 늘 정부 비판에, 정식 교과서로는 수업한 적도 없고, 세월호 시위에 참여한다고 천에 그림 그려 달라 하고, 수업 시간에 서명을 부탁, 물론 강요한 것은 아니지만 불편해한 학생이 한두 명이 아니라고, 학교에 전교조라는 소문이 이미 파다했다고. 다른 한 학생은 처음엔 수업 방식이 흥미로워 재미있었지만 나중엔 불편했다고 달았다. '아, 그렇게 보일 수도 있겠구나' 싶다. 물론 나는 늘 정부 비판을 맺힌 듯 토해 냈고, 정식 교과서는 아니었지만 그해 수행평가 담당으로 주 1회 수업을 재량껏 진행했고, 세월호 행사를 홍보하고 초대했으며, 서명 운동이 한창일 때는 수업 자투리 시간에 세월호 관련 특별법 서명 판을 두고 서명을 부탁하기도 했으니까 딴은 틀린 말은 아니었다.

한 학생 얼굴이 떠올랐다. 나를 꽤 따르던 학생이었다. 수업이 끝
나면 따라 나와 투덜대며 선생님은 왜 중립을 지키지 않느냐고 물
었다. 난 꽤나 진지하게 대답을 열심히 해 주었다. 마침 프란치스코
교황이 방한한 뒤였다. '이웃이 고통스러운데 어떻게 하겠니, 지금
힘들고 억울한 사람 편을 들어 주는 게 중립이라 생각해', 이런 류
의 말을 했는데 왠지 전달이 힘겹고 어려웠던 느낌이 지금껏 생생
하다. 학생의 마뜩지 않은 표정 또한. 그 뒤로 나는 중립의 도마 위
에 오를 때마다 그 대답을 고민하였으나 뾰족하게 명제로 정리되
는 것은 없었다. 삶은 그저 긴장과 떨림의 연속이었고 여전히 대답
은 궁하다. 하지만 이번 일을 겪으며 학생들의 응원 글 속에서 그
실마리를 발견하게 되었다.

학생들은 교육청 게시판에서 지나칠 정도로 내 수업의 정당성과
중립성을 주장하였다. 올해는 세월호 계기 수업을 2주기에 맞춰 한
차시밖에 못 했지만, 작년, 재작년에는 더 전면적으로 진행했다. 앞
서 언급한 그 학생에 대한 기억으로 호산고로 전근 와서는 좀 더
학생들을 배려하는 유연한 어법을 쓰려고 애썼다. 하지만 세월호
와 인권 토론 수업, 각종 영상, 행사 소개, 리본 나누기 등 시간 날
때마다 예로 들고 언급하고 힘주어 말하니, 어떤 학생은 교원평가
에 '사람은 좋은데 너무 정치적이고 세월호라는 낱말로 귀에 딱지
가 앉을 정도이다'라는 말도 적었다. 왜 안 그렇겠나?

그러나 그 과정에서 더욱 강조한 것이 있다면, 내 수업마저 비판
적으로 듣고 이제부터 여러분의 궁금증과 세상에 대한 관심을 키

위 나가 달라는 개방적인 마무리 멘트였다. 그리고 "늘 '맹신'을 조심하자, 스스로 생각하자"라고 강조하였다. 면피용 방어막이 아니라 내 태도의 변화였고 그것은 어느 정도 전해진 듯하다. 게시판의 글들을 발췌했으니 함께 읽어 보자.

세월호 관련 수업도 작년 이맘때쯤 했었죠? 사회적으로 큰 문제여서 선생님도 부담스러우셨을 텐데 그런 내색 없이 사실만을 가지고 담담히 말씀해 주셨어요. 수업에 관해서는 어떠한 편향성도, 또 그로 인해 거리낌이나 거리감을 느낄 만한 것이 없었고, 자율적인 분위기에서 편하게 들은 수업이었어요. 처음에는 사회에 대하여 이렇게 열의를 가지셔서 엄청 놀랐는데, 또 한편으로는 도대체 어떤 누가, 어느 선생님이 이렇게 열의를 가지고, 열심히, 자신의 일처럼 아파하며 말해 주실 수 있을까 하는 생각도 들었어요. (……)

위안부 내용을 다루며 교과서에는 자세히 실려 있지 않아, 어쩌면 자세히 알지 못하고 지나갈 수도 있었던 여러 아픔들과 문제들을 다뤄 주시며, 이 사회에도 많은 아픔이 있었기에 이렇게 발전이 있었다는 생각과 또 나만의 다른 관점을 키워 나가면서 1년이란 길지만 짧은 시간 동안 시험 스트레스나 학업보다는 정말 사회에 관하여 많이 배운 것 같아 항상 감사드려요.

고맙다. 스스로만의 다른 관점을 키워 나가게 되었다는 대목이.

선생님의 재량대로 저희에게 정말 알차고 다신 없을 의미 있는 교육을 해 주셨습니다. 대체 누가 그런 선생님의 교육을 비난하나요. 어른들이 이렇게 아이들이 보는 세상을 막아도 되는 건가요? 그러면서 바른 사회를 말하지 마세요. 진실만을 말해 주시면 판단은 저희가 하고 싶습니다. 물가는 위험하니 쳐다보지도 말라고 하는 게 아닌 그 물가를 함께 걸으며 직접 보고 느끼고 듣게 해 주셨던 선생님께 언제나 감사드리며 꼭 응원하겠습니다.

아, 이 말은 그 이후 집회마다 내 발언의 단골 비유가 되었다. 믿을 만한 어른 하나 생겼다고 좋아하던 어떤 녀석의 얼굴과 함께 떠오른다.

혹여나 수업이 듣기 불편한 학생들이 건의를 하면 수렴하여 수업을 진행하셨고 사회 돌아가는 소소한 이야기들을 해 주셨을 뿐입니다. 따라서 대구시교육청은 무고한 선생님을 잘못했다고 몰아가지 않았으면 좋겠습니다. 장학사를 보내 결국 학생들에게 설문 조사를 시킨 교육청이 편향된 시선을 갖고 있지 않나 싶습니다. 비리와 거짓이 가득한 대구시교육청보단 청렴하고 깨끗한 대구시교육청이 되기를 바라면서 이 글을 마칩니다.

자신이 어떤 부당한 명령과 조직 체계에 의해 어떤 일을 하는지 애써 외면한 채, 자신들을 합리화하고 현장의 수업을 선입견과 공문에 근거해서 잘못이라고 몰아가는 것, 그리고 조사 행위 자체에 대해 전혀 문제를 느끼지 않는 것. 이것이 중립의 위반이 아닐까? '우~' 몰아가는 교육청의 모습에 대한 학생의 날카로운 비평이 생생하게 다가온다. 그럼 다음 글은 어떤가.

고등학교 생활을 하며 세상에 대해서 생각을 해 볼 수 있는 시간이 얼마나 있을까요? 선생님은 저희에게 그런 뜻 깊은 이야기를 해 주시며 진정한 학문을 가르쳐 주셨습니다. 그런 선생님 수업을 (못 듣고) 고3이라는 벽으로 인해 오로지 대학 입시라는 목적으로 수업을 하고 있다는 것이 저는 안타깝습니다. 오히려 지금 저희가 하고 있는 대한민국 학생들의 삶이, 학교생활이 더 강압적이라는 생각이 듭니다. 국가는 이제 생각의 자유도 뺏으려 합니다.

경북대병원 지하철역 벤치에서 이 글들을 읽다가 나는 먹먹한 가슴을 쓸어내리고 말았다.

문법, 시의 배경 지식, 비문학 공부하는 법, 이런 수업만 하신 게 아니라 사회적 이슈나 세월호 같은 수업도 함으로써 저희에게 넓은 시야를 제공해 주셨어요. 어떤 시선을 강요하지 않으셨고 나도 다 옳고 다 맞는 시야를 가진 사람이 아닐 수 있으니 많은 것을 보고 너희들이 직접 판단하라고 하셨기에 어른이 되었을 때 대중 매체에 휘둘려 국한된 시야를 가지지 않고 다양한 세상의 이야기에 귀 기울이는 시민이 돼야겠다고 느꼈습니다. 공부로 지친 학생들에게 다양한 세상의 이야기, 또 소수의 이야기를 전해 주셔서 감사합니다. 또 문학 작품을 공부할 때도 매일매일 새로운 깨달음을 주셔서 감사합니다. 여행과 관광의 차이, 그리고 대중 매체에 대한 수업 진짜 전 너무 좋았어요~!

이렇게 감사한 선생님께 교육청에서 참 몹쓸 짓을 하는 것 같아요. 평범하게 문학 수업을 하지 않아서 그런 건가요? 편향된 시선으로 했다고 확신하고 물어보시는 장학사분들, 직접 들으셨나요? '편향된 시선으로 가르쳤어요!'라는 말을 듣고 싶어 하시는 것 같습니다. 마음이 아파요. (……) 미래에 학교의 장이 되실 분들이 열정 있는 선생님을 징계하려고 하고 학교에 느닷없이 찾아와 선생님이 잘못이라도 한 것처럼 몰아가시고, 되게 슬퍼요. 교사의 교권이 바닥을 치고 있구나 하는 생각도 들어요.

학생들은 나의 '편향된' 수업을 '재량과 교육'으로, '알 권리'로, '진짜 공부하는 보람'으로 받아들여 주었다. 10대 후반의 유연함과 포용성은, 편향과 경직을 특징으로 하는 교육 관료들에게는 훌륭한 스승이 될 것이고 나에게는 계속 수업하고 교육하는 희망의 토대이다.

다시 5월 11일. 2학년 학생이 설문 조사를 마치고 복도에서 씩씩댄다. "저, 샘 같은 샘 될 거예요. 오늘 너무 화나요. 도대체 고등학생을 뭘로 보고." 며칠 후 일찍 수업이 끝난 뒤 한 반에서 세월호 희생 학생이 생전에 만든 노래를 함께 들었다. 학생들이 농을 던진다. "샘, 장학사들 또 오는 거 아니에요?" 다들 한바탕 웃었지만 개운치는 않다. 또 한 친구는 이런다. "선생님, 이번 일로 이런 수업 그만두실 거예요?" (나는 씩 웃었다.) "그만두시면 싫어요/ 실망입니다/ 안 됩니다."

중립, 우리는 어떤 길을 갈 것인가

흔한 말로, 중립은 기울어진 운동장의 반대쪽을 쾅쾅 끊임없이 밟아 대는 것이겠지. 갈등을 감수하는 결심과 에너지가 필요한 것이리라. 또한, 중립이란 절댓값으로 정해져 있는 어떤 매뉴얼이 아니라 그때그때 상황과 맥락 속에서 공정하게 처신하는 태도가 아닐까? 교육의 공공성과 관련지어 이미 시민인 학생들에게 중요한 것을 중요하게 다루어 소개하고, 신변잡기로 권력의 비리를 가리지 않고 좀 더 불리한 약자의 편에 서서 편들어 주는 것.

교사의 중립은 그렇다면 결국 편향이 아닌가. 단, 누가 시켜서가 아니라 자기 양심의 발로로 사실에 근거하여 그 사이의 진실을 느끼게 하는 자발적 편들기. 상호 주관성이 충돌하여 진실은 어디에도 없다는 가치의 상실, 그리고 진흙탕 싸움판에 빠진 이 한국 사회에서 끊임없이 적대적 프레임과 권력에 대한 맹신과 싸우며 증언되지 못한 이야기들을 '표현'하는 것. 아, 한국에서 교사가 중립하기 참 힘들다. 당연하지, 노동3권도 보장 못 받는 노예의 신세이니.

　흔히 알려진 침묵의 기계적 중립이 아닌, 많은 갈등을 수반하는 여러 목소리의 중립을 나는 택하겠다. 일시적 정부, 부정한 권력이 봉황의 휘장을 낚아채 잠시 잠깐 민주공화국을 가로채고 국가에 대한 공무원의 책임감을 정부에 대한 복종으로 호도하고 있다. 공문에 담긴 말도 안 되는 많은 명령은 그럴듯한 형식을 갖추고 있지만, 공무원이라면, 교사라면 그것을 거부하고 시민의 편에 서는 것이 중립을 지키는 것이리라. 그리고 우리 학교 2학년 학생의 신문 인터뷰 말마따나 이번 세월호 계기 수업은 학생의 세상에 대해 알 권리를 충족시키는 것이었고, 교육청의 징계 시도는 그것을 방해하는 것이었음을 기억하자. 창문을 엉뚱한 위치에 달아 놓고 진짜 세상을 보지 못하게 조금만 열고, 심지어 그 위에 다른 색을 덧칠해 놓는 세상에 학생들의 갈증은 깊다. 현장의 생생한 모습과 참된 공부 길을 소개하고 창문을 여는 것, 그 전에 커다란 벽의 좋은 위치에 문을 내는 것, 그 길!

　이제 기말고사 후 나의 자투리 수업은 '열아홉 살 김 군의 죽음과 삶'이다. 교단에 서는 한, 나는 언제까지든, 물가를 너와 함께 걷고 싶다. 두런두런 이야기하면서, 때론 장난치며 키득대며 정색하며 노래하며 까르르 웃으며 어깨동무도 하고 발자국도 보면서, "실 같은 봄비 속을 타는 듯한 여름볕 속을 지나서 들쿠레한 구시월 갈바람 속을 지나서"(백석, 〈국수〉). 누군가가 우리더러 시끄럽다고 손가락질하면 나는 넌지시 말할 것이다. 우리 학생들에게 물어보라고. 그러면 지혜로운 이야기들을 들려줄 것이라고. 지금 우리는 한 여름 뙤약볕 속을 걷고 있다.

| 2016년 7·8월, 《오늘의 교육》 33호 |

강성규 대구 중등 교사

평범한 사고뭉치가 길을 낸다고 믿는 십수 년 차 국어 교사. 10대의 생명력에 매료되어 소진된 줄도 모르고 계속 배움의 길을 걷고 있습니다. 학교 구성원들이 민주적으로 소통하는 일에 관심이 많습니다. 좌충우돌, 뚜벅뚜벅 우선 걸어 작은 길이나마 내는 것을 선호합니다. 학교에서 이따금 혼자 밥을 먹지만, 가슴 벌렁벌렁하게 무언가 살고 싶게 만드는 수업을 늘 하고 싶습니다. 학생들과 함께 연극하고 노래하고 둘러앉아 얘기할 때도 좋지만, 함께 촛불을 들 때, 같이 행진할 때 가슴에 품은 낱말들이 이루어질 것 같아 설레는, 일렁이는 촛불 하나입니다.

10년이면
강산이
변할까?

국기에 대한 경례 거부, 그 후 10년

이용석 경기 중등 교사

정직 3개월, 그 이후

2006년 여름, 나는 국기에 대한 경례 거부로 경기도교육청으로부터 정직 3개월을 받았다. 2014년 가을이 시작된 지금, 나는 여전히 국기에 대한 경례를 거부하고 있지만 교육 노동자로 학교에서 학생들과 국어를 공부하고 있다.

국기에 대한 경례 거부로 징계를 받을 것이라는 생각은 해 본 적이 없었다. 헌법에 명시된 '양심의 자유'가 징계를 받을 것이라고는 꿈에도 생각해 본 적이 없었다는 말이다. 하긴 한국의 지난 역사 속에 헌법이 징계를 받은 경우가 어디 이번뿐이랴. 가장 대표적인 경우로 '양심에 의한 병역 거부'가 철창 속에 갇혀야 하는 현실이지 않은가.

어쨌든 나에게 이 사건은 내 주변을 돌아보게 된 계기가 되었고, 그런 면에서 나에게 매우 중요한 사건이 되었다. 징계를 받으면서 난 이 사회의 권력 중심부에서 가장자리로 밀려나게 되었다(물론 이건 나의 지극히 주관적인 생각이다). 남성 중심의 가부장 체제를 바탕으로 하는 군사주의·전체주의 사회에서 그들의 신성한 행위를 공개적으로 거부했으니 말이다. 그리고 징계를 받기 전까지 어쩌면 나는 그런 행위를 거부하면서도 그 문화 속에서 누리는 권력의 달콤한 맛은 포기하지 않고 은밀히 즐기고 있었을 것이다. 그랬으니까 '밀려났다'고 생각했던 것은 아니었을까?

사실도 그러했던 것 같다. 변혁운동에서도 다른 영역의 운동은 계급운동을 뒷받침해야 한다는 이분법적 사고를 가지고 있었으며, 교육운동과 노동운동을 한다는 이유로 집안일과 양육은 여성 주부가 해야 한다고 생각했다. 그것은 내 일이 아니었던 것이고 어쩌다 '도와주는' 것으로 충분하다고 이해했다. 학교에서는 학생의 인권을 보장하고자 했지만 다분히 시혜적 차원에 머물렀다. 학생인권은 내가 학생들에게 '선물'하는 것이 아니라 '되돌려 주는' 것이라고 생각하지 못했다. 성소수자, 장애인, 비인간 동물 등에 대해서도 마찬가지였다. 그들을 이해하는 척 관용의 태도를 가지고 있었고, 그들의 처지를 안타깝게 여길 뿐이었다. 여성과 청소년이 차별받지 않는 사회를 말하면서 '성인 남성'으로서 내가 가지고 있던 모습이나 힘을 성찰하고 바꿀 생각은 없었던 것이다.

어쨌든 나는 정직 3개월 동안 전에는 내가 보지 못했던, 어쩌면 보면서도 주변부라고 치부해 버렸던 것에 대해 다시 생각하게 되었다. 국기에 대한 경례를 거부하고 징계를 받으면서 남성이자 성인, 교사로서 내가 늘 있던 위치에서 벗어나게 되었다. 그러면서 내가 남성으로서, 정규직으로서, 성인으로서, 교사로서 가지고 있던 권력에 대해 생각해 볼 기회를 가질 수 있었다. 물론 기회를 가지게 되었다는 것이지 그러한 권력에서 자유로워졌다는 의미는 아니다.

그즈음 소중한 기회들을 만났다. 나는 지구지역행동네트워크^{NGA :} Network for Glocal Activism라는 단체를 통해 페미니즘을 접하게 되었다. 세상을 여성주의적 시각으로 바라본다는 게 무엇인지 배워 갔다. 여성주의적 시각으로 세상을 바라본다는 건 이 사회의 소수자들과 연대하고 늘 주변부로 밀려나 있던 그들의 존재를 세상의 중심에 둔다는 것을 의미했다. 이 시간들은 기존에 내가 가지고 있던 권력에 대해 더 깊이 성찰하게 만들어 주었다. 내가 국기에 대한 경례를 거부했던 행위는 내게 주어진 이러한 기회들을 통해 전체주의, 국가주의, 군사주의 등에 대한 단순한 거부에서 내 주변의 권력관계를 성찰하고 그것을 해체하는 행위로 나아갈 수 있었다.

거부를 넘어 해체로

"억압하는 모든 것에 저항하라."

알 만한 사람은 다 아는 체 게바라의 말이다. '억압하는 모든 것'은 이 세상에 존재하는 권력관계들을 의미할 것이다. 그 권력은 구조에서부터 일상에 이르기까지 곳곳에 곰팡이처럼 피어 있다. 나는 남성 중심의 가부장 체제, 전체주의적 군사 문화를 '거부'하는 것에서 모든 권력과 그 관계를 '해체'하는 것으로 나의 생각과 실천이 나아갈 수 있도록 노력했다.

나이를 관계의 중심에 놓는 것도,

교사를 교육의 중심에 놓는 것도,

인간을 자연의 중심에 놓는 것도,

남성을 가정의 중심에 놓는 것도,

이성애를 사랑의 중심에 놓는 것도,

비장애인을 인간의 중심에 놓는 것도,

계급운동을 변혁운동의 중심에 놓는 것도

권력이라고 생각한다. 이러한 권력을 어떻게 해체할 수 있을지 고민하면서 내가 관심을 가지게 된 것이 일상에서의 권력을 해체하는 것이었다. 그 어떤 형태이든 권력은 늘 일상에서 발현된다. 특정한 사건이나 사고를 통해서 권력이 드러날 때도 있지만 일상의 소소한 행위들에서 권력관계는 발견된다.

한 지붕 아래 같이 사는 사람들과 이야기하는 곳에서,

일터에서 만난 사람들과 같이 먹는 점심 식사 자리에서,

고된 노동 끝에 하루를 마무리하려 앉은 구석진 술자리에서,

머리를 맞대고 뜨겁게 논쟁하는 회의 자리에서,

붉은 노을 바라보며 두 손 마주 잡은 연인의 눈빛에서,

아이의 손을 잡고 따뜻한 햇살 아래 노니는 산책 길에서,

방바닥에 눌어붙어 하루 종일 텔레비전을 시청하는 중에도

권력들은 여전히 작동한다. 너무 익숙해서 우리가 미처 알아차리지 못할 뿐이다.

그 권력관계를 싫어하기는 쉽다. 혼자 싫어하면 되기 때문이다. 그러나 거부하기는 조금 어렵다. 거부하는 행위를 드러내야 하기 때문이다. 해체하기는 더 어렵다. 해체에는 대안이 필요하기 때문이다. 물론 해체 그 자체가 대안인 경우도 있지만 말이다.

일상에서의 권력을 해체하는 것은 내 삶의 구체적 변화를 요청한다. 이전의 삶과는 다른 형태를 요구한다. 하지만 쉽지 않다. 정말 쉽지 않다. 마치 촘촘한 그물망에서 빠져나오려는 물고기와 같다. 머리에서 가슴까지의 거리는 30센티미터도 채 안 되지만, 머리로 아는 것을 가슴으로 느껴 실천하기까지는 30년이 걸릴 수도 있다고 하지 않던가.

당연했던 것들에 물음표를 던지기

나에게 일상의 권력을 해체한다는 건 다른 표현으로 '배제'를 해

체하는 것이었다. 국기에 대한 경례를 거부하는 것은 국가주의에 대한 거부이자 전체주의 문화에 대한 거부이기도 하다. 전체주의 문화는 우리 일상 도처에서 발견된다. '팔은 안으로 굽는다'는 속담이나 "우리가 남이가?" 하는 문화는 그런 전체주의에서 만들어진 배제의 문화일 것이다. '내 편'이 아니면 배제의 대상이 된다. '내 친구'가 아니면 아무런 의미가 없다. '우리 가족'만 잘살면 된다. 축구 경기에서 '우리나라'가 무조건 이겨야 한다.

교실도 이로부터 자유로울 수 없다. 극심한 경쟁으로 학생들을 내몰아 낙오하는 이들을 배제하는 것뿐만이 아니다. 웬만한 교실에 다 붙어 있는 "다른 학급 학생의 교실 출입을 금합니다"라는 문구, 우리 학급이 이겨야 한다는 열광 속에 진행되는 학교 체육대회, 공동체라는 허울 속에 맞춰 입는 학급 단체복까지, 학교에는 우리와 우리 아닌 것을 구분하는 문화가 팽배하다. 다문화 학생을 위한다며 학교에서 운영하는 다문화 프로그램이라는 것들도 실상 다문화 학생들을 따로 떼어서 그들끼리만 모이게 만드는, 통합이라는 이름의 배제일 때가 많다. 학교를 떠났거나 학교로부터 밀려난 학교 밖 청소년들에 대해 이 사회가 보여 주는 태도는 어떠한가? 학교라는 선 바깥에 놓인 그들은 애당초 우리와는 다른 인간들이다. 학교 밖 청소년들을 위한다며 펼쳐지는 많은 정책들이 그들을 지원하는 관점을 취하고 있기보다 이 사회에 해가 되지 않도록 관리하고 통제하는 관점을 취한다. 그저 그들을 말 잘 듣는 인간으로 만들려고 한다.

그래서 내가 학교에서, 그리고 학교 밖에서 기존의 권력관계와 배제를 해체하기 위해 제일 먼저 한 것은 그동안 한 명의 주체로서 바라보지 않은 이들을 자기 삶의 주체로 인정하는 일이었다. 학생/청소년이 어떻게 자신의 주체성을 돌려받을 수 있을지가 내 고민의 시작이었다. 교사로서 학생과 어떻게 관계를 맺어야 할지 고민하다 내가 내린 결론은 간단했다.

학생이라고 생각하지 않고, 가르친다고 생각하지 않는 것이다. 학생이라고 생각하지 않으면 그들은 나와 같은 인간이자 시민이 된다. 가르친다고 생각하지 않으면 그들에게 먼저 의사를 물어보게 된다. 수업 중에 화장실을 가고 싶은 학생이 내게 "화장실 가도 돼요?"라고 묻지 않게 된다. 생리 현상인데 이게 교사의 허락을 받아야 하는 일인가? "화장실 갈게요"라고 하면 된다. 학생들은 내게 화장실을 가겠다고 말하거나 수업에 방해가 될 것 같으면 화장실에 간다는 신호만 보낸다. 또 수업 중에 자면 안 되는 것인가? 학교에 지각 좀 하면 안 되는 것인가? 이런 행위들을 비청소년이 했다고 생각해 보자. 다른 사람들에게 피해를 끼치지 않는다면 벌을 받거나 불려 나가 혼날 일이 아니다. 그렇게 생각하면 교사인 내가 할 일은 이 학생을 무작정 혼내는 것이 아니라 왜 그렇게 자는지, 왜 지각을 했는지에 대해 물어보고 그 학생의 이야기를 듣는 것이다.

그렇게 기존에 당연했던 것들에 질문을 던지기 시작하니 물음들이 끝없이 이어졌다. 학급 회장은 왜 필요한가? 학급 회장이 필요하냐고 학생들에게 물어본 적이 있는가? 청소는 왜 학생들이 해야 하나? 학생 상담은 왜 모두 다 해야 하나? 상담이 필요한지, 나의 도움이 필요한지 물어본 적이 있는가?

그러나 이런 시도를 몇 해에 걸쳐 계속하고 있지만 '가만히 있으라'는 지시에 익숙한 학생들이 잠시 이런 이야기를 들었다고 달라지지 않는다. 교사들 역시 마찬가지다. '가만히 있으라'고 말하는 것에 익숙한 교사들은 학생들에게 먼저 물어보는 것을 매우 어색해하고 불편해한다. 나 역시 한계를 많이 느낀다. 그것도 절실하게. 이와 관련한 최근의 일화가 있다. 내가 담임인 학급에 소위 '문제아'라고 여겨지는 학생이 있다. 심한 게임 중독, 독설, 교사에 대한 적대감, 의도적인 수업 방해, 학급 친구들과의 불화, 무단결석 등으로 나로 하여금 많은 고민을 불러일으킨 학생이다. 올해 초부터는 학교 안팎으로 다양한 대안 프로그램을 만들어 지속적으로 참가하도록 유도했다.

그런데 계속해서 무언가 빠진 듯한, 놓치고 있다는 생각이 내 머릿속을 떠나지 않았다. 무엇이 문제일까 싶어서 만나는 사람들에게 이런 고민을 이야기하며 조언을 청했다. 그러다 전혀 뜻밖의 이야기를 들었다. "그 학생이 원하는 것이 무엇인지 진지하게 물어본 적이 있어요?" 뒤통수를 맞은 느낌이었다. 학생들의 의사를 물어보고 같이 논의해서 결정해 왔다고 생각했는데, 이 학생에게 문제(?)가 있다고 판단한 후로 나는 그 학생을 위한다며 무언가를 주기에만 바빴다. 이 일을 통해 나는 여전히 내가 의견을 묻고 상의하는

상대가 교실에 얌전히 앉아 있는 학생들에 국한되어 있지 않은지
진지하게 돌아보게 되었다.

실험과 실패들

학생들과의 관계에서의 노력과 함께 학교에서 어떻게 하면 학생
들이 자기 몫을 찾을 수 있을지도 고심하게 되었다. 징계로 인해
다른 시로 전출되었다가 다시 부천의 한 고등학교로 발령받았을
때이다. 학생회는 외부의 간섭을 배제하고 '자치自治'를 실현하기 위
한 조직인데 학생회장 선거부터 학교가 선거를 관리하는 현실에
문제의식을 느꼈다. 그래서 선거 방식부터 바꿔 보기로 했다.

우선 학생선거관리위원회를 구성한다. 지도 교사는 필요 없다.
학생선거관리위원회가 요청한다면 자문 교사를 둘 순 있다. 학생
선거관리위원회는 이전 학생회가 일반 학생들을 대상으로 홍보하
여 구성한다. 그렇게 학생선거관리위원회가 구성되면 선거관리위
원들은 부천선거관리위원회에서 교육을 받고, 이후 올바른 선거
에 대해 내부 토론과 논의를 진행하고 일정을 결정한 후 선거를 홍
보한다. 이제 후보들이 등록한다. 정책 중심으로 선거가 이뤄지고
그를 책임지는 집행부 선출을 위해 '회장 - 수석 부회장 - 사무국
장'의 러닝메이트제를 실시한다. 선거를 통해 다음 학생회 집행부
가 선출된다. 학생회 산하 각 부서 및 부장은 공약의 실천을 위해
학생회가 선정한다. 학교장이 학생회장 임명장을 주는 것을 폐지

한다. 학생회장은 선거관리위원회로부터 당선증을 받을 뿐이다. 당선된 집행부는 선출한 부장 및 사업 계획을 전체 대의원 대회에서 심의하고 의결한다. 학생회 사업으로 배정된 예산은 학생회가 운영을 결정한다. 학생회 담당 교사는 필요한 예산을 신청해 줄 뿐이다. 학생회의 중심 사업은 학교운영위원회에 대표가 참여하여 안건으로 사업 제안을 한다. 이때 학교운영위원회는 사업에 대해 심의하고 도울 수 있는 방법을 모색할 뿐 사업의 실행 여부를 결정하지 않는다. 학생회가 자신의 사업을 기획하는 데 도움이 될 수 있도록 학생회 활동과 관련된 연수 프로그램을 지역 청소년 수련관 등과 협의하여 진행한다.

　이 과정에서 눈에 띄게 두드러진 변화는 학생회가 자신감을 가지게 되었다는 것이다. 학생의 의견을 듣지 않는 학교 정책에 대해 학생회가 불만의 목소리를 내기 시작했다. 물론 이러한 학생회를 두 번 거친 것만으로 학교가 학생을 주체로서 인정하지는 않는다. 게다가 현재의 학교 시스템 안에서 이런 실험들이 가지는 한계가 너무 명백했다. 처음 문제의식을 느끼고 제안한 교사가 다른 학교로 전출을 가면 다시 예전으로 돌아가 버리는 것이다. 학생회는 동아리가 아니다 보니 선배에서 후배로 처음의 고민과 문제의식이 이어지지 않고 단절되는 것도 문제였다. 이 문제를 해결하기 위해 내가 생각한 게 '지역'이었다. 지역의 청소년 수련관과 함께 지역 학생회 연합, 지역 학생회 담당 교사 회의 등을 통해 학교 밖에서 학교 안으로 지속적인 영향을 미쳐 보고자 했지만 아쉽게도 두어 차례 모이는 데 그치고 말았다. 논의가 막 시작되던 참에 나를 비롯해 참여한 교사들이 다른 지역이나 학교로 전출을 가 버린 것이다.

학생회에 속하지 않은 학생들이 배제되는 문제 때문에 '비학생회'라는 것을 고민해 보기도 했다. 나의 질문은 간단히 요약하면 이거였다. '왜 학생회는 하나여야 하지?' 학생들의 목소리를 대변하거나 조직하는 곳이 학생회만은 아니잖은가. 기성 정치판에는 여당과 야당이 있다. 그런데 학교에는 오직 여당만 존재한다. 학생들 중에서도 학생회와 다른 생각을 가진 사람이 있을 텐데 이들이 자신의 목소리를 조직적으로 낼 수 있는 제도적 장치가 없다. 지금도 이 부분은 나의 고민거리이다. 학생회에 속했는지 여부가 중요한 게 아니라 일상이 정치라는 것을 어떻게 학생들과 나눌 수 있을까? 그리고 이를 어떻게 실현해 나갈 수 있을까?

학교 밖에서도 청소년의 주체화는 시급하다. 청소년도 곧 시민이라는 건 노동권, 주거권, 건강권 등을 비롯한 시민으로서의 기본적인 권리를 인정하는 것을 의미한다. '청소년=시민'이라는 등식이 인정된다면 그건 학교 안에도 영향을 미칠 것이다. 이는 커다란 담론이다. 나는 이를 위한 실천이 지역이라는 바탕 위에서 이루어져야 한다고 보았다. 교사가 학교를 넘어 지역과 만나고 지역이 학교 안으로 들어오도록 해야 한다고 생각했다. 지역의 시민인 청소년들과 만나 그들을 '위한' 프로그램을 만드는 게 아니라 청소년이 원하는 것을 청소년이 기획하도록 해야 한다고 생각했다. 그래서 부천청소년노동인권네트워크에 참여하며 그 방법을 모색하고 있는데 그게 참 어렵다.

청소년의 주체화에서 노동 문제도 굉장히 중요하다. 이미 청소
년의 노동은 현실이다. 청소년이 노동을 해야 한다, 하지 말아야
한다는 논의는 의미가 없다. 청소년의 노동은 청소년이 결정하면
된다. 나는 청소년이 노동을 통해 비청소년(보호자)에게 의지하는
것으로부터 독립할 수 있다는 점에 주목한다. 누군가에게 의지하
지 않고도 자신의 삶을 꾸려 나갈 수 있다면 이것이 바로 청소년/
비청소년의 권력관계를 해체하는 중요한 열쇠가 되기도 할 것이다.
청소년이 노동을 통해 경제적으로 독립할 수 있다면 가정에서뿐만
아니라 다른 영역에서의 일상도 분명히 달라지리라 생각한다. 이런
점 때문에도 나는 부천청소년노동인권네트워크 활동을 계속할 것
이며 단순한 노동인권교육을 벗어나 청소년이 주체가 되는 네트워
크 형성을 고민하려 한다. 하지만 이 역시 산 넘어 산이다. 청소년
노동인권에 대한 우리 사회의 인식이 아직은 걸음마 수준이기 때
문이다.

내가 한 만큼만 달라진다

국기에 대한 경례 거부 이후 지난 10년의 시간을 거칠게나마 정
리해 봤다. 가만 생각해 보니 소위 '국가'와 '민족'을 부정한다고 징
계를 받은 내가 이 땅에서 지금도 이렇게 교육 노동자 생활을 하고
있다는 게 신기하다.

10년이면 강산이 변한다는데 이 사회가 바뀌어서 내가 학교에 계속 있을 수 있는 것일까? 물론 그렇지 않다는 것은 간단히 따져만 봐도 금방 알 수 있다. 세월호 참사(아니, 세월호 학살)에 대해 이 사회의 권력 집단이 보여 준 태도를 보면 달라진 게 하나도 없다. 국제 경기 때만 되면 무차별 민족주의의 한마당이 펼쳐지고, 여전히 남성이 가장家長이라며 전통 문화의 아름다움을 강조하는 가족 이데올로기가 판치는 것을 봐도 별로 달라진 것은 없다. 달라진 것이 있다고 착각할 수는 있겠지만.

　달라진 것이 있다면 그것은 싸워서 얻은 것밖에 없다. 우리 것이었지만 권력에 빼앗겼던 것, 그것을 싸워서 얻은 것밖에 없다. 그리고 딱 그만큼만 세상은 달라진 것이다. 그리고 이 싸움을 두려워하지 않는 사람들, 두려워하지만 어쨌든 해 보려는 사람들에 의해 세상은 달라지고 있다. '10년이면 강산이 변한다'는 말은 이런 사람들에 의해 가능해진다.

　내가 징계를 받고 복직한 후 교사들의 반응은 조금 달라졌다. 교직원 회의 시간이나 조회 시간에 국기에 대한 경례를 할 경우 일어나기는 하지만 경례를 하진 않겠다는 교사들이 주변에 많아졌다. 아마 이전부터 마음속으로는 거부했지만 주위 눈치 때문에 못 했으리라고 짐작한다. 모두 일어나서 국기를 향할 때 나 혼자 자리에 앉아서 딴짓을 하는 모습을 본 교사들이 왜 그러냐고 의문을 품고 말을 건네는 것도 달라진 풍경이다. 자신들이 평소 의심해 본 적 없는 것에 계속해서 시비를 거는 내 모습이 불편한 것 같지만 적어도 이제 말을 건다는 게 달라졌다면 달라진 반응이다. 학교 관리자들은 웬만하면 내가 있는 자리에서는 국기에 대한 경례를 생략하려고 한다. 난 학교운영위원회 교사위원인데 학교운영위원회 회의 때 국기에 대한 경례를 하지 않는다. 물론 여전히 따로 불러 "우리 학교의 명예와 평화를 위해 국기에 대한 경례를 하면 좋겠다"고 말하는 관리자도 있다.

학생들은 내가 국기에 대한 경례를 하느냐 마느냐를 그리 중요하게 보진 않는 것 같다. 그보단 내가 자신들과 어떤 관계를 만드느냐에 관심을 가질 뿐이다. 징계를 받고 난 뒤 내가 깨닫게 된 것들과 일상에서의 권력을 해체하고자 노력하는 이야기를 학생들에게 들려주곤 하는데 잘 들어 주는 학생들이 고마울 뿐이다. 아마도 내 주변은 이렇게 '내가 한 만큼만' 달라졌을 것이고, 그랬기에 내가 학교에서 학생들과 함께 있는 것이 가능했을 것이다.

'사공이 많으면 배가 산으로 간다'는 옛말이 있다. 이 말이 원래 뜻하는 바와 상관없이 난 이 말이 좋다. 왜냐하면 사공이 많아서 배가 산으로 갈 수 있다면 이야말로 멋진 일이 아닌가! 배는 물에서만 다녀야 한다는 생각을 바꿀 수 있다면 말이다. 다소 억지스러운 면이 있지만 이는 나에게 매우 의미 있는 발상이다. 모든 사람이 옳다고 믿는 것이 틀릴 수 있고, 모든 사람이 틀리다고 믿는 것이 옳을 수 있다는 것, 그래서 당연한 것, 본질적인 것, 불변의 어떤 것은 없으며, 당연하다고, 본질적이라고, 불변의 어떤 것이라고 강변하는 모든 것은 의심해 봐야 한다는 것. 이것이 바로 지난 10년이 내게 가르쳐 준 것이다.

제목에서 '10년이면 강산이 변할까?'라고 물었지만 사실 그보다는 지난 10년 동안 내가 얼마나 변했는지가 더욱 궁금하다. 여기까지 쓰고 보니 지난 10년 동안 내가 무엇인가를 하려고 하긴 한 것 같은데 실제 학교 현장이나 나 자신이 얼마나 변했는지는 잘 모르겠다. 머리만 있고 가슴은 아직 부족한 것 같다. 어쨌든 나는 일상의 권력을 해체하고 나를 둘러싼 주변과 새롭게 관계를 맺어 가기 위해 계속 고민하고 시도할 것이다. 누구 같이하실 분?

| 2014년 9·10월, 《오늘의 교육》 22호 |

이용석 경기 중등 교사

학생들과 함께 잘 살아 보겠다고 애쓰고 있는 교사. 경계와 중심의 이분법을 부정하며, 모든 억압에 저항하려고 발버둥치고 있는, 뭔가 어설픈 인간 동물.

3부

민주주의는
연습이 아니다

자치 불능의 학교,
신민의 왕국을
만들다

이름뿐인 '당신들의 학생회'

김수현 경기 중등 교사

나는 정치적이지도 진보적이지도 않다. 대학 내내 임용 시험 공부를 야무지게 하지도 않았으면서 학생회나 학보사 같은 곳에 몸담은 적도 없이 좋아하는 일에만 몰두하며 지낸, 애초에 '정치 근육' 자체가 없는 사람이다. 그런데 이런 내가 교사가 된 후 학교에서 이상하게 정치적이고 과격한 진보로 분류된다. 과격하다기엔 용기가 없고, 진보적이라기엔 '청소년 미성숙론'을 완전히 버리지도 못했는데 학교는 별걸 다 그리 말한다. 내가 이렇게 분류되는 이유는 사실 박정하다. 의문을 품고 논쟁에 나서고 '빽' 하면 권리를 운운한다나 뭐라나.

원래는 '나의 학생회장 선거 관찰기'라는 제목을 미리 정해 두고 '학생 자치'에 대한 글을 쓸 참이었다. 그런데, 선행 학습을 심하게 한 초딩이 미적분을 받아든 느낌이 이럴까? 공식에 맞춰 풀 수는 있겠는데 원리를 모르겠는 그런 상황. 쓰고는 있는데 아귀가 안 맞는 문자의 나열. 마감일이 넘어가는데도 써지질 않아 '펑크 선언'을 하고 '파닭'에 맥주 일병 하며 마음 한구석 죄책감을 달래고 있었는데 갑자기 이유가 보였다.

'민주 시민을 육성하는 장場'이라던 학교의 수준은 '자치'는커녕 '신민臣民을 훈련시키는 왕국' 정도밖에 안 되는데 그런 문제들을 짚어 내지 않고 학생 자치를 말하려니 안 써지는 게 당연했다. 가학적인 방법으로 '학생 길들이기'를 하는 교사, 관리자의 전달만 있을 뿐 어떠한 논의도 없는 교무 회의 풍경, 교장의 거수기로 전락한 학교운영위원회……. 민주주의의 문제점을 가르칠 게 아니라면 몰라도 학교에 민주주의는 없다.

팽글팽글 눈 돌아가게 바쁜 학교, 입시의 노예가 되어 버린 학교를 생각하면 비민주성과 비판적 사고 능력 결여를 비판하는 것은 미안한 일일지도 모른다. '학생의 자치 능력 부재'를 '학교'가 만든 것이라고 보는 이 글은 읽는 사람에 따라서는 심하다 싶을 수도 있다. 그럼에도 불구하고 비판할 수밖에 없다. 왜냐하면 미워하면서도 또 사랑하는 '학교'이기 때문이다.

신민을 양성하는 학교

질문이 거의 없는 교실에서 교과 내용에 대한 질문을 받을 때면 그 학생에게 존경심마저 들려고 한다. 그런데 이 와중에 거짓말 조금 보태 거의 매일, 매시간 받는 질문이 있다. 어딘가 단단히 '찌질한' 이 질문.

"보건실(화장실, 사물함) 갔다 와도 돼요?"

들을 때마다 묘하게 불편하다. 마치 "아파도(용변이 마려워도, 교과서가 있어도) 돼요?"처럼 들리는 까닭이다. 어미만 "다녀와야 할 것 같아요" 또는 "갔다 올게요"라고 바꾸면 될 것 같은데, 그렇게 말하면 뭔가 '큰일'이라도 나는지 초임 발령이었던 중학교부터 고등학교에 근무하고 있는 지금까지 질문 방식은 한결같다. 교사에게 통지만 하면 될 일도 허락을 구할 때마다 '학교의 주인은 니들이라며? 흥!' 하며 아주 삐딱한 마음이 든다. 그런데 학생들이 이렇게 하지 않으면 진짜 '큰일'이 난다는 사실을 깨닫게 되었다. 학생들의 굴종적인 태도에는 다 이유가 있었다. 그동안 학교는 학생들이 좋아하는 것을 인질 삼아 굴종적인 태도를 이끌어 내는 신공을 써 왔다. 바로 '교육'이란 이름을 가장한 '길들이기'.

주당 수업 시수가 많은 교과들은 보통 정기 시험 전에 진도가 끝나서 한두 시간 정도 여유가 생긴다. 그때 관행적으로 '자습 시간'

을 주게 된다. 교사에게는 '수업 시간의 연장선상'이고 학생은 '쉬
는 시간과 자습 시간의 모호한 경계'의 시간인데, 이런 생각의 차이
가 한 학생(A 학생이라고 부르기로 하자)에게 고통의 시간이 되고 말
았다. 우리 학교에서 벌어진 한 사건을 토대로 재구성해 보았다.

시험 전 C 교사가 자습 시간을 주자 A 학생은 습관대로 휴대전화
를 꺼내 음악을 들었다. 그런데 C 교사는 그 행동을 '수업 시간에 휴
대전화를 사용한 것'으로 판단해 휴대전화를 압수한다. A 학생은 어안
이 벙벙하지만 일단 쉬는 시간에 C 교사의 오해를 풀며 사정해 보기로
한다. A 학생은 C 교사가 휴대전화 예절을 비롯해 '내 자습 시간에는
공부만 했으면 좋겠다'는 꾸중과 훈계를 하고 휴대전화를 돌려줄 것으
로 믿는다. 그래서 C 교사를 찾아가 휴대전화를 돌려주십사 사정하지
만 '안 된다'는 답변만 돌아온다. A 학생은 '어쨌든 수업 시간'이었으니
휴대전화를 꺼낸 죄를 인정하고 벌을 받자고 생각한다. 아마 1~5일 정
도 휴대전화를 압수했다가 돌려줄 거라고 예상하고 기간을 물어본다.
그런데 C 교사의 대답은 예상 밖이다. 휴대전화를 돌려받고 싶으면 '자
기 반' 바닥 청소를 해야만 한다고 한다. 이쯤에서 상식적인 독자들이
헷갈릴 수 있으니 정리를 하고 넘어가자. A 학생이 소속된 학급이 아
니라 'C 교사 학급의 바닥'을 말하는 거다. 물론 그 교사는 담임이 아
니다. 어이없다고 생각한 A 학생은 '그래도 비빌 언덕' 담임을 찾는다.
담임에게 사정을 이야기하면 뭔가 해결해 줄 거라고 끝까지 믿어 보지
만 A 학생의 담임은 성정이 여린 사람이라 혼자 속앓이를 할 뿐이다.

결국 A 학생은 C 교사 학급의 바닥 청소를 하고 휴대전화를 돌려받았다.

사건 자체가 상식 밖이다. C 교사의 억지에 말 못 하는 학생 대신 내가 다 억울해 미칠 지경이다. 학교 특유의 '칸막이 문화' 때문에 C 교사에게 따지지도 못하고 속앓이만 하는 A 학생의 담임을 보는 것도 속상하다. 이걸 다원주의의 영향이라고 해야 하나. 상식적이지도 않고, 가학적이기까지 한 지도 방식에 대해서도 교사들은 서로 말하기가 어렵다.

정규 수업을 마치고, 청소를 다 한 뒤 한 시간 정도 학급 전체를 기다리게 한 후 종례를 하는 방식으로 학생들을 길들이는 동료 교사를 몇 명 안다. 그들은 이런 것을 '생활지도'라고 부르고, 몇 번만 반복하면 학생들이 잘 따른다고 자부한다. 그러다 심지어 학년 말이 되면 일부 학생들은 저런 담임의 행동이 '다 우리를 위한 것'이라고 진심으로 공감하는 듯 보이기까지 한다. 지극히 상식적인 일인-ㅅ이 이걸 거부하기라도 하는 날엔 해당 학생이 미움을 받는 것은 물론, 반 전체가 집에 못 가는 초유의 사태가 생긴다. 나는 이런 걸 볼 때마다 담임은 가혹 행위를 즐기는 '사디스트', 이런 담임에게 진심으로 공감하고 있는 일부 학생들은 '스톡홀롬 신드롬'의 징후라는 생각이 드는데 단어 자체가 갖는 느낌이 세서 차마 말은 못 꺼내고 있다. 이렇게 자기만의 기준으로, 가학적인 방식의 생활지도를 하면 결론적으로 결과는 꽤 좋다. 그래서 대부분의 관리자들은 그 학급이 지각이 없(적)거나 환경 미화가 잘돼 있거나 성적이 상위권이기라도 하면 학급 담임에게 '괜찮은' 평가를 한다. 생활 지도 방법에서도 교육적 가치를 고민해야 하는 것이 학교의 본질일 텐데, 학생들을 '동물'처럼 길들인다. 이렇게 교사들도 관리자의 평가에 길들여지고, 찍소리도 않는 굴종적인 학생을 양산한다.

이우학교 이수광 선생님의 말을 빌리자면, '학생에게 학교는 허용적인 공간'이 되어야 한다(《학생인권 신장 방안 연구》, 강원대학교 박사학위 논문, 2000). 학교는 '학생을 교육하는 공간'이기 때문이다. 실수나 잘못을 통해 스스로 또는 교사를 통해 뭔가 깨닫고 배우는 공간이 바로 학교다. 그런데 학교는 학생이 수업을 듣고, 받아쓰고, 반복해서 외우기를 제외한 뭔가를 하면 자꾸 혼을 내는 것 같다. 학교에 다닐수록 실수든, 잘못이든 뭔가 할 기회가 차단되고, 만약 교사의 생각과는 다른 행동을 했을 때는 혼이 나거나 설득되거나 무관심의 대상이 된다. 칭찬받기 위해서가 아니라 혼나지 않기 위해 지독한 자기 검열을 반복하다 보니 주눅이 든다. 때론 억울한 일을 당해 문제 제기라도 할라치면 '모난 돌' 취급을 받으니 학습된 비관이 생기고 결국 침묵하게 된다. 자유로운 시민이 굴종적인 신민으로 훈련되는 순간이다. 이러니 교사나 학생이나 불의를 보아도 무신경하게 된다. 학교는 문제 제기를 하는 사람을 '집에 늦게 가게 만드는 트러블 메이커' 정도로 취급하는 곳이니까. 점점 공공公共의 일보다는 개인의 일에 집중하는 것은 당연지사. 20대 투표율이 낮다고, 정치에 무관심하다고, 이기적이라고 너무 욕할 거 없다. 12년 동안 눈

감고, 귀 막고, 입 닫고 그렇게 살라 했으니 '자치'는 고사하고 정치 효능감 자체가 바닥을 칠 수밖에.

이름뿐인 '당신들의 학생회'

제18대 대선이 점점 다가온다. 제18대인 것을 얼마 전에 알았어도, 또 투표일이 12월 며칠인지 몰라도 어떠랴. 여느 때와 달리 관전하는 맛이 있어 즐겁다. 문재인 의원이 출사표를 던지니 후끈 달아오르는 느낌이다. 안철수 원장이 어떤 방향으로든 마음을 굳히면 달아오르다 못해 열기가 폭발하겠지. 지난 6월, 우리 학교도 뜨거워졌다. (에어컨을 잘 안 틀어 줘서이기도 하지만) 학생회장 선거 때문이다. 1년 임기의 1학년 부회장 1명, 러닝메이트제로 진행되는 2학년 회장 1명, 부회장 1명을 뽑았다. 와이파이 존 설치, 자전거 거치대 설치, 희망 메뉴로 급식 식단 구성, 매점 물품 다양화, 상시 건의함 설치, 따돌림 없는 학교, 축제 연 2회 개최, 학교 야영 실시 등 다채로운 공약과 총 15명이나 되는 후보들의 유세 풍경으로 치열한 선거였다. 비평준화 지역의 비선호 학교였던 2010년까지만 해도 후보 1~2명을 세우기조차 힘겨웠던 걸 생각하니 격세지감이 느껴진다. 그러나 경쟁은 치열해지고 선거 방식은 진일보했으되 '민주시민교육'이나 '자치'로서 학생회장 선거의 가치를 생각해 보면 긍정적이라고 말하기가 찜찜하다. 후보자들의 경쟁은 매년 치열해지는데 유권자인 학생들에게 변화가 일어나는 것 같지도, 학교 민주주의에 도움이 되는 것 같지도 않다.

　제가 학생회장에 출마하게 된 계기요? 아무래도 진학에 도움이 되
니까. 생활기록부에 한 줄이 올라가니까……. 솔직히 말하면 그래요.
이게 가장 큰 이유였어요. 대입 수시를 리더십 전형으로 치를 경우 생
활기록부를 참고하니까 면접 볼 때 큰 도움이 돼요. 그리고 직책이 주
어지면 결정권이 주어지는 거니까 내가 다니고 싶은 학교를 만들 수
있다는 생각이 들었어요. 물론 그건 아니었지만요.

- D(학생회 임원이었던 졸업생)

　1990년대만 하더라도 학생회 임원은 별로 인기 있는 자리가 아
니었다. 자식이 학생회 임원이 되면 학부모는 부담스럽고, 학생은
공부 시간을 뺏기기 때문이다. 그런데 몇 년 전부터 '학생회장'에
투영된 끓어오르는 욕망들을 보았다. 특목고, 자사고 바람이 불면
서 중학교부터 서서히 달아오르더니 각 대학들이 입학사정관제 리
더십 전형을 내걸자 학생회장 당선은 집안의 경사를 넘어 '가문의
영광'이 되었다. 리더십 전형에 합격하는 학생회장 출신이 많아지면
서, 당사자가 큰 욕심만 내지 않는다면 '학생회장 = 대학 합격 보증
서'로 여기게 되었으니 당연한 결과다.
　학생을 '학교의 주인', 학생회를 '학생의 대표'라고들 하지만 속을
들여다보면 학생의 대표가 아니라 교사와 관리자의 심부름꾼이자
얼굴마담이다. 가끔 주전부리도 돌리니 요즘 말로 '빵 셔틀'까지 담

당한다. 앞서 학생회장단 출신 졸업생처럼 입학사정관제를 목적으로 삼긴 했지만 뭔가 학교에 변화를 주기 위해 출마한 경우도 있다. 미국 드라마에서처럼 학교 축제를 기획하고 교장 선생님과 협의도 하고 그러는 줄 알았겠지만 현실은 다르다는 것을 깨닫는 데 그리 오랜 시간이 걸리지 않는다. 어떤 업業을 10년 정도 하면 조직의 생리와 일의 원리를 알게 되듯, 학생들도 고등학생쯤 되면 이렇게 무기력한 우리들의 대표에 대해 알 건 다 안다. 우리들의 대표는 우리를 대의하지 않고(실제는 못 한다), 입학사정관제 리더십 전형을 준비하고 있으며, 공약公約은 공약空約으로 끝나고 말리라는 것을. 투표율 100퍼센트의 동원된 투표와 유세 과정은 일종의 공식적인 수업 빼먹기 놀이에 불과하다. 어차피 학생회장이 누가 되든 변화가 없는 학교에서 공식적으로 수업을 빼먹는 일은 참 신난다.

학생의 일은 '학생회'에 돌려줘라

다들 기억하실지 모르겠다. 5~6년 전쯤 교육 현실을 신랄하게 비판해 네티즌 사이에서 폭발적인 인기몰이를 했던 〈학교 대사전〉. 서당 개 3년이면 풍월을 왼다더니 학교생활을 12년 하더니 학교를 풍자의 대상으로 승화시켰다. '전교조'에 대한 해석은 보수 언론이 조장한 편견에서 비롯된 것 같고 재미도 없지만, 그 외 대부분은 기존의 평범한 의미를 거부하고 신랄하면서도 재치를 잃지 않은 재해석이라 꽤 공감이 된다.

대학 인생의 목표

급식 값싸지만 위험한 식사

교복 학생 활동을 쉽게 통제하는 동시에 해외 시장에서 밀려난 국내 섬유업계의 불황을 대량 교복 제작으로 만회시키려는 의도

전교조 교육혁명에 깊이 관여하고 있다고 알려진 단체. 열성 전교조원은 놀기를 좋아하며 머리에 빨간 띠를 두르고 학교 밖으로 나가서 수업을 빠뜨리기도 한다.

관습법 교칙에 명시되어 있지 않은 사항도 단속하고 통제할 수 있다는 암묵적인 0순위 교칙. 교칙을 만들 때 미처 고려하지 못했거나 의도하지 않았던 부작용이 나타나면 이 법을 적용한다.

학생회 자유주의 원칙에 따라 학교에서 세운 어용 단체. 학생회의 지키지 못할 약속들은 다음과 같다. 1) 두발 자유화를 하겠다. 2) 급식을 개선하겠다. 3) 학생회를 적극 운영하겠다. 4) 매점을 업그레이드하겠다.

개인적으로 '교복'에 대한 해석이 제일 재밌었는데, 다들 어떠신지? 왜 뜬금없이 〈학교 대사전〉 이야기를 꺼냈냐 하면 '학생회'에 대한 해석이 날카로웠기 때문이다. '학생회'에 대한 정의는 꽤 오랜 시간이 흘렀는데도 변함이 없다. 정의를 하나씩 곱씹어 보면 그 가치가 더해진다.

학생회는 '어용 단체'가 맞는 것 같다. 화살을 먼저 쏘고 과녁을 그리는 셈인데, 내가 기억하는 학생회 담당 교사 중 한 분은 교복

디자인을 바꾸려 할 때 '학생회장 불러서 잘 이야기하면 ○번으로 유도할 수 있다'고 이야기하기까지 했다. 다른 학교도 사정은 오십보백보일 터다. 경기도에서도 학생인권조례 시행 이후 학생들의 의견이 반영되지 못한 채 변경된 교칙들이 학생회의 이름으로 승인되어 절차적 정당성은 얻었으되 학생들의 빈축을 사기도 했다. 수련회나 수학여행 장소 답사도 그렇다. 대체로 교감, 학년부장, 담당 교사, 학부모 이렇게 답사를 가게 되는데 정작 2박 3일을 보내야 하는 학생이 빠져 있는 건 정말이지 이상하다. 사정이 이러하니 답사를 가는 것을, 특히 그 장소가 제주도나 해외인 경우, 공짜 여행 한 번 하는 것으로밖에 생각하지 않게 된다. 답사를 가는 사람들은 얼마나 힘든지 아냐고 항변하겠지만, 그렇게 힘든 일이니까 누구 한 명 빠지고 학생 대표와 바꾸시라. 제대로 된 판단을 못 할 거라 지레 걱정하면서 '대의'의 기회를 빼앗지 말고.

'학생회의 지키지 못할 약속'도 그렇다. 교장의 한마디면 전부 가능하게 될 수도 있는 간단한 문제들이다. 그런데 학교는 대체로 '비교육적이다', '예산이 없다'는 한마디로 안 하는 경우가 많다. 언론에선 교사와 학생 간 갈등이 보도되고 있고 탈학교의 움직임도 활발하지만 평범한 학생들은 '학교니까 늘 교육적인 판단을 한다'고 믿는다. 그래서 학생들이 원하고 교육적인 일인데 교장 선생님이 안 해 줄 리 없다고 생각한다.

제 공약들이요? 최대한 현실적으로 돈이 적게 들면서 학생들이 필요하다고 생각하는 것들을 골랐어요. 제가 당선돼서 이걸 교장 선생님께 건의하면 이뤄질 거예요. 당연한 거 아닌가요? 우리 학교 돈 많다고 하는데 되겠죠.

- H(올해 학생회장 선거 입후보자)

다시 〈학교 대사전〉으로 돌아가 '학생회의 지키지 못할 약속들'이 요즘은 어떻게 되었는지 함께 살펴보자.

1) 두발 자유화를 하겠다.

→ 실현되었다. 학생회장이 아니라 교육감의 의지로, 학생인권조례 시행으로 자동 해결되었다. 그래서 남북 분단도 서러운데 시·도마다 두발 규정이 달라 학생들은 더 서럽게 되었다.

2) 급식을 개선하겠다.

→ 그대로다. 맛과 메뉴는 영양사님과 조리실 여사님들 소관이다. 학생의 의사가 반영되기는 하겠지만 학교마다 음식 맛이나 질이 다른 것을 보면 쉽지 않은 것 같다. 시설 업그레이드는 예산 문제인데 관리자의 의지가 있거나 교육청이나 시청에서 지원금이 오면 바로 해결된다. 우리 학교도 그랬다.

3) 학생회를 적극 운영하겠다.

→ 그대로다. 갑자기 방송으로 부르지나 않았으면 좋겠다. 행정적인

처리만 담당 교사가 해 주고 예산 기획 및 집행을 알아서 하도록 해야 진짜 자치가 될 텐데, 학생회가 스스로 쓸 수 있는 예산은 따로 없다. 학생회가 정기적으로 스스로 모일 공간도 있으면 좋은데 유휴 교실은 없고, 학급 자치를 살리기 위해 반 부반장들이 대의원 역할을 할 수 있도록 해야 하는데 이것도 안 된다. 학생회 관련 규정을 보면 담당 교사나 교장이 소집하기는 쉽지만 학생이 소집하려면 전교생 중 얼마가 동의해야 한다거나 하는 식의 절차가 까다롭다. 그러니까 뭘 어떻게 적극적으로 운영하나? 누가?

4) 매점을 업그레이드하겠다.

→ 그대로다. 매점을 입찰 형태로 하는 이상 장사의 일부다. 학생회가 건의할 수는 있겠지만 판매 용품의 다양화 정도에 지나지 않을 것이다. 개인적으로 생각건대 협동조합 형태로 전환하면 교육적인데, 학교는 그렇게 하지 않을 것이다.

생각해 보면, 다 비관적인 것투성이다. 올해 우리 학교는 학생회장 선거에 전자 투표를 도입했다. 언론은 전자 투표를 실시하는 중·고등학교들을 '새로운 선거 문화를 창출하는 계기'라며 호들갑을 떨어 대지만 방법상의 변화일 뿐 그 이상도 그 이하도 아니다. 아날로그나 디지털이나 어차피 동원된 100퍼센트 투표율인데 뭐가 그리 중요한가? 오버투성이 기사들 속에서 단연 반짝반짝 빛이 나는 솔직 담백한 우리 학생부장님의 '효율적인 개표로 결과가 빨리

나왔다'는 인터뷰 내용. 이게 바로 전자 투표를 보는 제대로 된 눈^目
이다.

'그럼, 학생의 일을 어떻게 학생회에게 돌려주나?' 그렇게 물으실
까 싶어 몇 가지 방법을 제시한다. 학생회장 선거에서 후보 간 정책
을 비교하는 토론회를 갖고 학생 청중단이 날카로운 질문을 하는
일종의 '매니페스토'를 시행하면 괜찮은 그림이 나올 것 같다. 학생
청중단은 각 반 반장이나 부반장이 되어 학급에서 질문거리를 모
으고 대의하면 된다. 이 모습을 방송으로 틀어 주면 우리 반장, 부
반장이 잘하고 있나 지켜볼 수 있으니 관심도 높아질 거다. 또, 관
리자가 학교 경영의 전권을 쥐고 있는 학교 현실을 고려해서 후보
들과 관리자가 함께 토의하여 공약의 실현 가능성을 전교생 앞에
확언한다거나, 당선된 후 학생회 담당 교사를 지명한다거나 하는
식의 실질적이면서도 학교 문화를 흔드는 선거 개혁이 필요하다.
그리고 가장 재미날 것 같은 상상! 방송으로 전교생이 보는 앞에
서 학생회 예산 문제를 가지고 학교장과 학생회장이 토의(또는 실랑
이)하는 모습을 보면 완전 흥미진진하겠다.

'민주 시민들'을 위한 헌정사

가끔 '박정희 대통령이 딜레마에 빠져 있진 않았을까?' 하는 의
문이 생길 때가 있다. '산업화를 하긴 해야 하니까 최소한의 교육은
시켜야겠고, 뭔가 배우면 의식이 고취되고 현 상황이 굉장히 잘못

되었다는 것을 알게 되고, 그러면 저항을 하게 되니 독재를 유지할 수 없고' 대강 이런 사이클.

그래서 앞서 말한 딜레마처럼 학교는 교사나 학생이 뭔가 '의문을 품고' '논의하자' 할까 봐 아무것도 알려 주지 않는 것 같다. 으레 그렇듯 그냥 공지되고, 정보를 모르니까 뭘 묻기도 그렇고, 자잘한 행정 업무는 뭐 이렇게 귀찮은지, 그렇게 하루하루 지나가고 '신민의 왕국'이 유지된다. 어떤 사안에 대해 '논의하자' 하면 학교장이 지명한 부장들의 회의, 일명 '기획 회의'에서 결정되어 하달되는 것은 그래도 양반이다. 실제 교육청에서 하달되는 공문들이 학교만의 자율적인 경영을 내포하고 있기 때문에 상당 부분 '논의가 가능함'에도 불구하고 학교는 문자를 곧이곧대로 해석하거나 과잉 충성이 담긴 해석으로 스스로를 옭아매고 있다.

새로 업무를 맡으면 변화를 만들어 보려고 종종걸음을 쳐 본다. 하지만, 당장은 변화가 있는 것처럼 보이다가도 결국 제자리다. 학교의 비민주적 관행은 해를 거듭할수록 교사로서 양심마저 놓아 버리고 싶어질 정도로 감당하기 힘들어지고 있다. 학교 예산서를 직접 보게 되는 학교운영위원회 교원위원으로 활동하는 올해 유난히 더 그렇다. '학교운영위원회는 심의 기관이니까 회의 끝에 나온 중요한 결정이라도 따를 의무는 없다'고 결연한 의지로 공언하신 교장 선생님께선 교장이 '당연직 위원'인 이유와 의결 사항과 다르게 시행하려면 도교육청에 꼭 '보고'를 해야 하는 건 아시는지 모르겠다. '수학여행 및 수련회 경비는 자부담 원칙으로 한다'는 규정을 들이대며 '원칙'은 꼭 지켜야 하는 것이니까 절대 학교에서 학생들을 지원해서는 안 된다고 말하는 운영위원분은 '원칙'과 '의무'의 의미를 혼동하신 건 아닌지. 수학여행이나 수련회가 교육 활동의 일부라면 공립학교에서 학생 활동에 예산을 투입하는 것이 불법이라는 논리는 어떻게 이해해야 할지 회의를 할 때마다 심란하다. 교무 회의 시간에는 지정된 의자에 앉아야 하고, 지각이나 불참 또는 다른 의자에 앉는 경우 교감이 이름을 적는다. 교내 메신저로 보냈던 사항을 또다시 읽어 주거나 교사들을 혼내는, 겨우 그런 자리이면서. 제발 이렇게 사기당하는 느낌은 안 들게 '회의'라는 말이나 붙이지 말던가.

얼마 전 학교에서 형평성을 부르짖으며 장렬히 전사한 동료 교사 '그녀'의 이야기와 함께 학교 민주주의의 요원함을 피력하며 글을 마치려 한다.

시작은 미미했다. '그녀'는 그냥 논의나 한번 해 보자며 문제 제기를 한 것에 불과했다. '일부 교사들이 시험 감독에서 제외되는 것은 아무리 업무의 특성을 고려해도 형평성에 어긋난다'는 취지의 전체 메시지를 보냈다. 결론부터 말하자면 그녀의 빈곤한 글솜씨만 확인되었을 뿐 '불만이 생기지 않도록 업무에 대해 논의해 보자'는 핵심은 사라져 버렸다. 그녀가 시험 감독에서 빠지는 일부 교사들의 이름을 지명한 순간, '그런 부당한 구조를 짠 상관이 문제'라는 지적은 '지명된 사람들을 탓하는 것'으로 돌변하였다. 그렇게 그녀는 '동료를 해코지'하는 몰인정한 사람으로 낙인찍혀 인심을 잃었다. 그런데 사실 이건 약과다. 교장실로 불려 내려가 교장, 교감, 그리고 일부 부장들에게 학생들 표현으로 '다구리'를 당했다. '교장의 명령에 복종해야 할 의무'가 있다고 훈계를 받고 '그 업무가 쉬워 보이면 그럼 업무를 바꿔라'라는 감정적인 말을 들었다.

한국 사회에선 곧잘 '예의 콤플렉스'가 횡행하는 것 같다. '예의 콤플렉스'가 뭐냐면 '혁명에도 예의를 지켜야 한다'는 식의 태도를 말한다. '로망'이라 표현하기에는 너무 이해할 수 없을 정도로 과한 '예의'에 대한 지나친 집착을 의미한다. '예의 바른 혁명', '예의 바른 항의'……. 마치 존댓말로 동학농민운동 구호를 외치거나 프랑스혁명을 할 때 줄을 잘 서서 하라는 것 같은 그런 뜻으로 들린다. 한국 사회에선 누군가 문제 제기를 하면 '말투나 어법'을 문제 삼거나 '문제를 제기하는 사람치고 자기 일 똑바로 하는 사람 못 봤다'거나 '공동체의 조화' 운운하며 비꼰다. 학생들이 뭔가 항의를 하러 오면 찾아온 이유는 차치하고, 태도가 불손하다며 문제 삼는 것과 똑같다.

문해력이 떨어지는 혹자들은 '민주주의가 불만을 토로하는 거냐?'라고 따지듯이 묻겠지만 그런 것까지도 포함하는 것이 민주주의다. 이런 이유로 눈 씻고 봐도 학교에서는 '민주주의'나 '자치'의 가치를 찾을 수 없다는 거다. '창의적인 민주 시민을 육성'한다는 경기도교육청도 마찬가지다. 교육감과 만나 학생인권과 관련된 문제를 협의할 수 있는 권한이 있는 '학생참여위원회'는 스펙 쌓기용으로 전락했으며 역량 강화를 위한 캠프는 제구실을 못 하고 있다.

학생인권조례로 체벌, 두발 및 복장 단속이 사라진 것은 사실 기적에 가깝지만 시행 2년이 다 되어 가도록 '학생 자치'에 대한 상을 그리지도 못하고 있고, 학생 자치의 이름을 욕되게 하는 학교를 교육청 차원에서 관리 감독을 하지도 못하는 것 같다.

가장 민주적이어야 할 공간인 학교의 민주주의는 저열한 수준이다. 하지만 이 와중에서도 의식 있는 교사를 중심으로 기존 간부 수련회를 학생회 역량 강화 캠프로 바꾸어 진행하거나 학생회 활동을 지원하며 '학생 자치' 실험을 하고 있는 것으로 알고 있다. '그녀'를 비롯한 많은 분들이 학교 민주주의를 위해 힘겹게 싸우고 있는 것도 안다. 그래서 '운동'이나 '정치'에서 느껴지는 심각한 뉘앙스를 질색하는, 이데올로기의 얼개로 보면 자유주의자인 나도 학교에 들러붙어 있는 파쇼의 찌꺼기를 체념할 순 없다는 생각이 들어 이 글을 쓰게 됐다. 상처를 안은 채 학교를 비롯한 도처에서 고군분투하고 있는 '시민들'을 생각한다. 그분들이 다음 생애에는 진정한 민주주의가 이뤄지는 직장에서 일할 수 있기를, 최소한 의회 민주주의가 바로 선 국가에서 태어나 할 말 다 하고 살 수 있기를 바란다.

| 2012년 7·8월, 《오늘의 교육》 9호 |

김수현 경기 중등 교사
'권리'에 대한 관심이 학생인권 문제로까지 이어져 인권 관련 일에 여기저기 기웃거리다 스스로 공부가 부족한 것을 깨닫고 현재 성공회대에서 공부하고 있는 평범한 선생임.

자치는
연극이
아니다

학생은 배우, 학교는 연출? 검열이 만든 학생회 선거 파행 이야기

이윤승 서울 중등 교사

프롤로그

2013년 2월, 이 글을 쓰기 전에 먼저 사건 당사자인 A 학생과 만났다. 지난 일에 대한 나의 기억을 확인하기 위해서, 그리고 학생의 지금 마음을 들어 보기 위해서. 서로가 각각 가지고 있던 기억을 공유하길 바라며 만든 자리였지만 장시간의 대화를 거쳐 확인된 것은 역설적이게도 서로의 기억이 흐릿하다는 것이었다. 시간이 얼

마 지나지 않았는데도 기억은 많이 옅어져 있었다. 아마도 그만큼 A 학생에겐 괴로운 시간이었으리라. 흘린 눈물이 많았기에 견디기 힘든 기억이었으리라.

예상된 소란

지난해 2학기, 기말고사를 한 달여 앞둔 11월 중순에 2013학년도 학생회장 선거가 있었다. 일주일의 선거 기간과 그 후 열흘 정도 학교는 소란스러웠다. 그러나 즐겁지 않은, 전혀 유쾌하지 않은 소란이었다.

상황을 설명하기 위해 지난 3년간의 이야기를 해야만 한다. 나는 이 학교에 2010년부터 근무하였다. 초반에는 그냥 처음 해 보는 담임이 즐거웠다. 하지만 점점 학교에 대해 알아 가면서 마냥 즐거울 수 없는 날들이 많아졌다. 의사 결정 구조가 폐쇄적인 것은 여느 사립학교와 다를 바 없었으나 그에 대해 발언하거나 문제시하는 사람이 거의 없다는 것은 조금 이상했다. 교사들도 학생들도 지나치게 순종적이었다.

그래서 그해 여름부터 하나하나 급한 사안부터 문제를 제기하기 시작했다. 처음 제기한 문제는 학생회 운영이었다. 수십 년간 우리 학교 학생회는 봉사의 임무만 수행할 뿐 자치활동은 거의 하지 못하고 있었다. 학생회장과 부회장은 전교생의 투표로 선출하지만 나머지 십여 명의 임원들은 교사들이 면접을 봐서 선발한다는 것도 문제였다. 그러다 보니 학생회가 자연스럽게 학교에 순응하는 학생들로 대부분 구성되었다. 학생회의 힘이 약해질 수밖에 없었다. 그러니 학생들도 투표에 별다른 의미를 부여하지 않은 채 그냥 아는 언니를 뽑는 경향이 컸다. 이 구조를 바꾸고 싶었다. 수업 시간과 담임이라는 직분을 최대한 이용하여 민주주의와 학생회의 역할에 대해 강조하기 시작했다. 내가 할 수 있는 것은 학생들이 자각하도록 돕는 일이었다.

그리고 그해 2학기, 2011학년도 학생회장을 선출하는 선거에서 본격적인 투쟁이 시작되었다. 한 학생이 회장 선거에 출마하려고 하였으나 성적이 상위 40퍼센트 이상이어야 한다는 후보자 조건에서 1퍼센트가 모자라 피선거권이 박탈된 일이 생겼다. 난 그 학생을 돕기로 하였고 국가인권위원회에 제소하려고 하였으나, 학생이 겁을 내고 입후보를 포기해 버렸다. 그런데 그 소식을 들은 우리 반의 다른 학생이 선거에 출마하였다. 성적에 의한 차별 철폐가 공약이었다. 그 학생은 각 학급에 학교의 문제와 학생회의 역할에 대해 설명하는 전단을 붙이며 홍보하였고, 그동안 성적 때문에 차별을 받으면서도 참아 왔던 많은 학생들이 선거를 통해 자신들의 의지를 표현하였다. 그리고 그 후보는 당선되었다. 아마도 학교는 다시는 이런 일이 생기지 않기를 바랐을 것이다. 그리하여 선거 관리 규정에 이러한 조항이 추가됐다.

"학교의 허락을 받지 않은 홍보물은 교내에 부착할 수 없고 이를 어기면 후보 자격 박탈."

2012년 가을의 소란은 이 조항에 대한 해석의 차이로 생겼다.

학생회 뒤로 숨은 비겁한 학교

2012년 문제의 선거가 있던 그해 여름은 학교와 교장 선생님에 대한 학생들의 불신이 극에 달한 때였다. 현 교장이 취임했던 2010년 여름 이후 2년 동안 학생들의 불만이 굉장히 커졌는데 소통의 부재 탓이 가장 컸다. 익명으로 운영되어 학생들의 소통 창구로 인기가 높았던 학교 홈페이지의 자유게시판이 어떤 논의도 없이 갑자기 로그인을 해야만 글을 쓸 수 있는 게시판으로 바뀌었고, 학생다움을 강조하며 흰 양말만 신으라는 등 시대착오적인 생활지도 규정도 강화되었다. 그럴 때마다 '학생에 대한 사랑'이 근거로 제시되었기에 더욱 기가 찰 노릇이었다.

작년 새 학기에는 서울학생인권조례가 시행되었는데도 생활지도 규정이 전혀 바뀌지 않아 학생들의 불만이 고조되었다. 그러다 교육청 지시로 억지로 생활지도 규정을 재·개정하게 되었는데, 그 과정에서 학생들은 또다시 엄청난 실망감을 느껴야 했다. 교장은 학생회 임원들만 교장실로 따로 불러 잠시 의견을 들은 뒤 학생들을 설득해 생활지도 규정을 현재처럼 유지한다는 것에 동의하도록 했다. 그런 후 비민주적인 방식으로 구성된 학교운영위원회의 동의를 '쉽게' 구한 다음 그것이 마치 전체 학생과 학부모, 교사들이 동의한 것인 양 꾸며 발표하였다. 그리고 곧이어 선도부 학생들을 통한 대대적인 단속이 실시되었다. 학생들은 학교의 이러한 극단적인 불통에 놀랄 뿐이었고, 삼삼오오 모이기만 하면 '어쩜 그럴 수 있냐'며 학교 흉보기로 화제가 모아졌다. 그때까지만 해도 학생들의 비판 대상은 학교와 교장이었다.

그런데 이상한 일이 벌어졌다. 학생회와 선도부는 모두 2학년으로 구성되어 있었고 그 탓에 주로 단속 대상은 후배인 1학년이 되었다. 단속을 당하는 1학년들 사이엔 학교 측의 지침에 너무 쉽게 동의한 학생회, 그리고 같은 학생이면서 학생을 단속하는 데에 열심인 선도부에 대해 부정적인 여론이 생기기 시작했다. 그러나 학생회와 선도부는 자신들을 향한 비판을 성찰하는 것이 아니라 역으로 1학년들을 규칙을 마구 어기는 애송이들이라 공격하며 대응했다. 다른 2학년 학생들 역시 자신들의 친구가 속해 있는 학생회와 선도부의 편을 들며 함께 1학년을 비판했다.

학교 측과 학생 측으로 선명하게 놓였던 전선戰線은 이렇게 흐릿해져 갔다. 교사가 아닌 선도부를 내세운 학교의 전략은 매우 성공적인 셈이었다. 2012년의 선거는 이렇듯 학교에 대한 비판의 목소리와 학년 간의 대립이 혼재된 분위기 속에서 시작된 것이었다.

민주주의가 실종된 선거

선거에는 다섯 명의 1학년 학생들이 후보로 나섰다. 후보들은 크게 세 부류로 나뉘었다. 뽑아 주시면 감사하는 마음을 갖고 봉사하겠다는 후보 두 명, 평화적인 방법으로 학교와 소통을 이뤄 내겠다는 후보 두 명, 그리고 강력한 학생회가 있을 때야 소통이 가능하며 선도부도 폐지하겠다고 나선 A 후보. 대부분의 후보들은 정도의 차이는 있지만 학교의 문제 상황을 알고 있었고, 공약에서도 익명 게시판의 부활, 대의원 회의 개최 등 소통과 관련한 공약들을 대부분 찾아볼 수 있었다. 그러나 월요일 오후에 학교 곳곳에 게시된 후보자들의 포스터에선 그 공약들을 볼 수 없었다. 위에서 말했던 조항 "학교의 허락을 받지 않은 홍보물은 교내에 부착할 수 없고 이를 어기면 후보 자격 박탈" 때문이었다. 조항을 근거로 생활지도부 교사는 포스터를 '검열'했고, 학생들은 교사의 지시라 어쩔 수 없이 내용을 수정하였다.

난 후보들에게 그것이 자치권 침해라는 것을 알리고 교장에게 항의했다. 교장은 자신은 모르는 일이며 담당 부서가 오버한 점이 있으니 생활지도부에 주의를 당부하겠다고 했다. 하지만 교장의 말은 사실과 달랐다. 누구의 말이 더 진실에 가까운지는 모르겠지만 생활지도부 교사들은 교장의 지시가 있었으며, 공약 수정을 원하는 교장과 자치권 침해를 문제 삼겠다는 나 사이에서 오히려 자신들만 힘들다고 하소연을 했다. 결국 검열은 멈추지 않았다. 선거 마지막 날이자 투표일에 있을 후보자 연설회에서 읽을 연설문도 학교는 검열했다. 그런데 다섯 명의 후보 중 A 후보는 검사는 받았지만 교사의 수정 지시를 수용하고 싶지 않다며 나에게 전화를 하였다. 난 수정하든 하지 않든 후보 자격과는 무관하며 단지 선택의 문제라고 조언하였다. 다만 수정하지 않으면 선거에서 이기더라도 매우 피곤한 일들이 많이 생길 수 있으니 그에 대한 각오는 해야 할 것이라고 덧붙였다. A 후보는 자신이 쓴 원본대로 연설하였고, 회장으로 당선되었다. 그렇게 선거는 끝나는 듯했다. 그런데 참 안타까운 일이 일어났다.

투표 결과가 나온 후 두세 시간이 지났을 때 3등으로 낙선한 학생이 이의를 제기했다. A 후보가 사전에 연설문을 검사받아야 한다는 조항을 어겼고 특정 교사와 통화하여 도움을 받았으므로 당선 무효라는 것이었다. 처음엔 3등을 한 후보만 이의를 제기했지만 이어서 4, 5등으로 낙선한 후보도 이에 동참하였다. 2등으로 부회장에 당선된 학생도 이의 제기를 받아들인다고 했다. 투표 결과가 나온 후 이의 제기가 있기까지 구체적으로 어떤 일들이 있었는지는 잘 모른다. 다만 들은 바에 의하면, 당시 학생회와 후보자들 간에 어떤 관계들이 있었고, A 후보가 연설문을 수정하지 않은 사실과 A 후보가 나와 통화를 했던 사실을 학생회가 알고 있었다고 한다. 그리고 이 사실들은 여러 가지 과장과 확대를 거쳐 학교에 퍼졌고, '이윤승 선생님이 A 후보가 당선되길 바라서 연설문도 써 줬다더라'로까지 커졌다.

낙선한 모든 후보가 이의를 제기한 상황에서 학교는 나에게 소문에 대한 사실 여부를 추궁해 왔다. 생활지도부의 교사들은 모든 것이 나로 인해 벌어진 문제처럼 말했다. 대부분의 교사들 역시 소문을 믿고 있었다. 그리고 익숙한 침묵이 이어졌다. 모두가 다 소문을 들어 알고 있지만 나에게 내색하지는 않는, 나에 대해 혹은 선거에 대해 부정도 긍정도 하지 않는 무관심이 날 짓눌렀다. 마치 자신들은 중립을 지키는 바람직한 교사이고 난 어리석고 섣부른 판단만 일삼는 교사라는 듯한 태도였다. 언제나 그랬다. 사석에선 시끄러웠지만 교무 회의 때는 모두가 입을 닫았다. 그러나 사실, 어차피 학교에서 늘 이단아로 살아왔으니 소문이야 어찌 됐든 상관없었다. 이보단 선거 결과를 바로잡는 것이 더 중요했다.

서로 적이 된 학생들

이의 제기에 대한 결정은 학생회가 하게 되었다. 학생회가 먼저 하겠다고 했는지 학교가 시킨 것인지는 확실치 않으나 어쨌든 학교는 학생회에 결정을 맡겼다. 그게 그 주 금요일 저녁이었고, 학교가 정한 학생회 회의 시간은 월요일 오전이었다. 금요일 밤, 회장에 당선된 A 학생은 나에게 도와 달라고 요청하였다. 자신의 당선을 지키고 싶지만 그게 힘들다면 당선 무효가 되는 한이 있더라도 학교가 문제를 깨닫기를 바란다고, 그리고 학생들이 학교의 이런 부당한 처사에 대해 알게 되길 바란다고 했다. 난 서울시교육청 학생인권교육센터와 청소년인권행동 아수나로에 도움을 청했다.

토요일엔 서울시교육청 학생인권위원회와 통화를 하고 김형태 시의원에게도 도움을 청했다. 그러면서 한편으로 A 학생에겐 낙선한 학생들을 탓하지 말고 그 친구들을 설득해 볼 것을 권유했다. 결국 그날 저녁에 A 학생이 낙선한 학생들과 만났다. 자신의 당선을 지키려 하지 않을 테니 함께 학교의 문제를 알리고 재선거를 하자고 설득했다. 난 전화 통화로나마 학생들에게 낙선자든 당선자든 모두 피해자임을 설명해 주었다. 낙선한 학생들을 위로하고 A 학생에 대한 오해도 풀어 주고 싶었다. 그래야만 했다. 선도부의 단속 때처럼 이 문제가 학생들 사이의 갈등으로 변질되는 것은 막아야 했다.

우선 낙선자들의 이야기를 들었다. 낙선자들은 A 학생의 당선 이유가 연설문의 차별성이라 했다. 자신들도 원래 정했던 공약을 그대로 연설 때 밀고 나갔다면 이렇게 A 학생이 돋보이지 않았을 텐데 A 학생만 연설문을 수정하지 않아 자신들이 손해를 봤다는 것이다. 맞기도 하고 틀리기도 한 말이었다. 그러나 낙선한 학생들이 A 학생을 동료로 여기지 않는다는 건 아쉬웠다. A 학생이 연설문을 수정하지 않고 공약을 발표하기까지 겪었을 고민과 두려움, 외로움에 대한 공감이 없었다. 낙선한 학생들의 주장은 유권자들이 A 학생을 지지한 것이 어쩌면 오히려 그 의지 때문일 수도 있다는 것을 간과한 판단이기도 했다. 아쉬움에 A 학생을 변호해 주고 싶었지만 참았다. 우선은 낙선한 학생들의 마음에 공감해 주는 것이 먼저였다.

그리고 더 솔직하게 물었다. 원하는 것이 무엇이냐고. 낙선한 학생들은 계속해서 억울함의 탓을 모두 A 학생에게 돌렸다. 함께하는 경쟁인데 비록 부당한 규칙이더라도 혼자만 어긴 것은 공평치 못했고, 따라서 당선자가 사과를 해야 한다는 것이다. 그러나 이것만큼은 그냥 넘어갈 수 없었다. 나는 규정이 자치권 침해의 소지가 있어 그것을 어긴다고 당선 무효가 될 수 없을뿐더러, 만약 선거 결과가 억울해 재선거를 한다 하더라도 낙선의 이유를 A 학생으로 볼 것이 아니라 잘못된 규정을 만든 학교로 설정해야만 재선거의 명분이 생긴다고 설명했다. 그러나 낙선한 학생들은 이를 받아들이기 어렵다고 했다. 통화는 그것으로 끝났다.

하지만 A 학생은 설득을 포기하지 않았고, 당선 결과에 집착하지 않는 A 학생의 태도에 다행히 극적으로 후보자들 모두 잠시나마 신뢰를 회복하고 의기투합했다. 그리고 몇 시간 후 학생들로부터 합의가 되었다는 전화가 왔다. 더 놀라웠던 것은 합의 내용이었다. 합의 내용은 '당선은 확정, 학교의 규정 수정에 대한 요구는 함께' 였다. 아름다운 합의였다. 합의 내용을 듣고 실감이 나지 않았다. 어느 정치인들이 이런 아름다운 합의를 이끌 수 있을까 싶었다. 순수한 학생들이기에 가능했던 걸까.

실감이 나지 않았던 탓인가. 한 시간 후 A 학생에게서 다시 전화가 왔다. 합의는 없던 일로 되었다는 연락이었다. 이유를 물었지만 A 학생도 모른다고 했다. 낙선한 학생들이 합의를 하고 집에 가던 길에 다시 모여 대화를 나눴고, 그냥 A 학생에게 책임을 묻기로 했다는 것이다. 정말, 어쩜 상황이 그렇게 될 수 있었을까. 지금 생각해도 이해가 가지 않는다. 그때의 참담함은 잊을 수 없다. 환희의 순간이 바로 절망의 순간으로 바뀌었다.

일요일에는 학생인권위원회 위원장 및 위원 등과 통화하며 대책을 조율했고, 결국 정식으로 긴급 구제 민원을 제출했다. 3학년 학생들 — 서두에 소개한 선거 당시 성적 제한으로 피선거권이 박탈되었던 학생과 당시 당선된 학생회장, 그리고 친구들 — 은 여럿이 모여 학교의 문제를 고발하는 전단지를 만들었다. 월요일 아침에 전단지를 학생들에게 돌려 학교의 결정을 막아 보기로 한 것이다. 3학년 학생들이 A 학생을 돕기로 한 것은 친분이 있어서가 아니었다. 3학년 학생들이 익명 게시판을 겪은 마지막 세대이기에 지금의 상황에 대한 불만이 가장 컸고, 예전에 학생회장을 뽑는 과정에서 이미 한 차례 학교의 부당함을 경험했기 때문이었다. 그래서 A 학생의 고통에도 깊이 공감하는 듯했다.

끝났지만 끝나지 않은

마침내 월요일, 아침 일찍 3학년 학생들은 전단지를 뿌렸다. 학생회 회의도 소집되었다. 학생회의 결정을 유보시키기 위해 교육청에서 두 명의 장학사도 다녀갔다. 장학사들은 학교에 결정을 유보하라 요청하고 관련된 자료를 받아 갔다고 했다. 학교 밖에선 학생인권위원회 긴급회의가 소집되었다. 학생회 회의 결과는 점심시간이 지나서야 나왔다. 결과는 A 학생은 당선 무효, 차점자인 2등과 3등이 각각 회장, 부회장으로 당선되는 것. 하지만 학교는 이를 발표하지 않았다. 장학사가 오고 학생인권위원회에서 긴급회의가 열렸다는 소식까지 접하자 교장이 부담을 느낀 것이다. 전날 오전에 한 신문의 기자가 교장에게 이 일을 기사화하겠다는 이야기까지 한 상태였기에 신입생 홍보에 열을 올리던 교장과 학교는 결과 발표를 망설였다. 학교 안팎의 전방위 압박이 일단 성공한 셈이다. 교장은 긴급히 교무 회의를 소집하고 학생인권위원회의 회의 결과를 기다리겠다고 했다. 그러면서 눈물을 보였다. 자신은 사랑으로 가르친 것뿐이라며 날 원망했다. 어떻게 학교의 일을 외부에 발설하여 일을 크게 만드느냐는 말도 잊지 않았다. 전형적인 악어의 눈물이었다.

학생인권위원회의 결정이 나오기까지 학교는 조용한 난장판이었다. 모두 삼삼오오 모여 학교 이야기에 바빴다. 학교는 나를 문제 삼았다. 한 선배 교사는 나에게 꼭 그렇게까지 해야 했냐고 물었다. 전언에 의하면 교장과 부장 교사들 사이에서 나에게 누가 나서서 말할지를 두고 회의도 했다고 한다. 학생들도 반으로 갈렸다. 3학년은 A 학생의 편이었고 2학년은 낙선한 학생들의 편이었다. 1학년은 자기 학급의 이해에 따라 반반으로 갈렸다. 마치 드레퓌스 사건 때처럼 학교에서 시도 때도 없이 편이 갈려 토론과 다툼이 벌어졌다. 예루살렘의 아이히만의 재판을 보는 듯도 했다. 학생들은 악법은 어겨서 바꿔야 한다는 편과 규칙을 준수한 것은 죄가 아니며 악법도 법이므로 지켜야 한다는 편으로 나뉘었다. 난 어느 편도 아니었다. 단지 자신들은 뒤로 숨은 채 학생들끼리 이렇게 반목하게 만든 학교만이 나의 반대편에 있었다.

동료 교사들은 예전에도 그랬던 것처럼 내가 나타나면 조용해졌다. 교무실에 마치 아무도 없는 듯했다. 그런데 예전과 다른 것이 있었다. 교실이었다. 당선자, 낙선자가 모두 나의 수업을 듣는 학생이었고 그래서 수업 시간은 적막했다. 나에게 대놓고 항의하는 학생은 없었지만 날 원망하는 눈빛은 많았다. 날 응원하는 학생도 그저 지나가며 내 손을 잠깐 잡을 뿐이었다. 이 상황이 나에겐 충격적이었다. 학생들의 현재 모습이 마치 모두 나로 인한 것 같았다. 잠을 이루지 못했다. 새벽 일찍 출근했지만 학교에 들어갈 수 없어 학교 근처를 한참을 서성였다. 학생들을 볼 자신이 없었다.

침묵의 시간이 지나고, 학생인권위원회 결정이 나왔다. 당선자에게 피해가 가지 않는 최선의 방법을 찾고 학교는 재발 방지를 위해 규정을 수정하고 학교 구성원들에게 발표하라는 것이었다. 학교는 선거관리위원회를 소집했다. 난 이미 학교가 두 패로 갈린 상태에선 재선거만이 답이라고 생각했고, 이를 위해 위원 자격을 가진 몇몇 선생님들께 부탁했다. 물론 그 전에 A 학생의 동의를 구했다. A 학생은 학교가 책임을 지고 사과한다면 괜찮다고 했다. 학교의 결정 역시 완전한 재선거로 나왔다. 학교는 교직원과 학생들에게 사과와 함께 재선거를 공지했다. 물론 표면적으로 사과의 모양새를 띠긴 했으나 진심으로 하는 사과는 아니었다. 학교는 학생인권위원회의 권고안도 전부 다 발표하지는 않았다. 그래도 학교가 자신의 잘못을 인정했다는 것만으로도 성과였다. 지금까지 교장은 그런 적이 한 번도 없었을 테니까.

대부분의 학생들은 디테일한 부분까지 알지 못했다. 그러다 보니 혹자는 A 학생이 유난스러웠다거나 내가 학교랑 원래 잘 싸워서 생긴 일이라고 생각하기도 하였다. 재선거는 12월 중순으로 잡혔다. 3학년은 학교에 잘 나오지 않고 1, 2학년은 방학을 기다리는 시기이다. 그렇게 선거는 조금씩 잊혀 갔다. 재선거에서는 기존에 회장으로 당선됐던 A 학생이 차점으로 부회장에 당선되었다. 아쉽지만 어쩔 수 없었다. 대부분의 학생들에겐 이미 지나간 사건이었으니까. 회장으로 당선된 학생은 지난 선거에서 2등을 한 학생이었다. 3등으로 낙선하여 처음 이의를 제기했던 학생은 또 3등으로 낙선하였다. 현실은 역시 영화 같지 않았다. 격렬했던 과정과는 달리 조금 심심한 결말이었다. 내심 모든 것이 까발려지는 난장難場을 바랐지만 소란으로 그친 탓에 아직 학교의 치부는 다 드러나지 않았다. 학생들이 보여 줬던 학교의 반인권적인 모습에 대한 불만과 그럼에도 학교라는 권위에 복종해야 한다는 생각들도 제대로 드러나 맞붙지 못한 채 다시 수면 아래로 가라앉아 버렸다. 그리고 교사들은 여전히 침묵을 지키고 있다. 3월, 다시 학교는 시작되지만 난 아직 학교와 학생이 낯설다.

에필로그

"저는 두 번의 선거를 준비하며 말로는 다 할 수 없는 일을 겪었습니다. 저뿐만 아니라 많은 학생들이 상처를 받고 힘들어했습니다. 처음 선거를 준비할 때 저를 돕던 친구들과 꿈에 부풀었습니다. 꿈을 갖고 함께 만든 공약과 연설문이기에 더욱 학교의 검열을 참을 수 없었습니다. 결국 지난한 과정들을 통해 학생인권위원회의 권고를 받아 학교가 사과를 했고, 저는 재선거에서 전교 부회장으로 뽑혔습니다. 앞으로 제가 말한 내용을 바탕으로 학생들과 함께 제가 할 수 있는 한 끝까지 학교를 변화시키기 위해 노력할 것입니다. 학생이 자기 결정권을 갖고 주도적으로 참여하여 학생들의 의견을 학교 운영에 반영하도록 하는 것이 저의 목표입니다."

- 올해 2월, A 학생이 나에게 전한 이야기

| 2013년 3·4월, 《오늘의 교육》 13호 |

이윤승 서울 중등 교사

2013년에도 그리고 지금도 여전히 같은 학교에서 그때와는 다른 학생들과 지내는 교사입니다. 지금은 검열이 없는 선거를 하고 있습니다. 하지만 여전히 학생회의 자치가 완성되기까지는 멀고 긴 과정이 필요해 보입니다. 2016년에는 서울시교육청 학생인권교육센터의 도움으로 학생들이 참여하는 교칙 개정도 시도됐지만 그 안에서 학생들의 의견이 어떻게 지워지고 그 자리에 절차적 민주주의라는 껍데기만 남는지를 확인하였습니다. 다행인 것은 2013년의 피해를 겪은 그 학생이 이번에 사회학과에 진학하게 되었다는 것입니다. 3년의 학교생활이 끝난다고 민주주의가 사라지는 것은 아니겠지요. 그 소동 속에서 민주주의에 대한 열망이 더 커졌음이 위안이 됩니다. 실패는 없을 것입니다. 이제 학교가 민주주의의 배움터가 아닌 실천의 장이 되는 데 더 애써 보겠습니다.

학생이
말하게
하라

학생회 신문 만들기, 그 시행착오의 시간들

임동헌 광주 중등 교사

최근 우리 사회에서 이루어지고 있는 상황을 돌아보면 과연 정 상적인 사회인지 심한 절망감에 빠진다. 마치 제3의 혁명이 일어날 것 같은 불안감에 휩싸인다. 상식이 파괴되고 공동체의 가치가 너 무도 쉽게 뭉개지는 현상은 분노를 뛰어넘어 극도의 불안감으로 엄 습해 온다. 매일 촛불이 광장을 밝히지만 언론에선 관련 기사를 찾아볼 수 없다. 너무 늙어 버린 할아버지, 할머니들이 산속에서 땅을 파고 송전탑 건설을 막고 있고, 부당하게 해고된 노동자들이 철탑 위에서 농성을 하고 있으며, 교사들은 노동조합 탄압에 항의해 단식을 하고 있고, 이주노동자의 자녀가 정부에 의해 강제로 아버지와 헤어지고, 군복 입은 할아버지들은 가스통을 들고 와서 청년들을 협박하고, 공장에서 일하던 노동자는 백혈병에 죽어 가고, 일본 사람들이 집필한 게 아닌지 의심되는 한국사 교과서는 식민 시대와 군사독재를 칭송하고······.

모두 언급하기에도 숨이 벅찬 야만의 상황이 이루어지고 있음에도 언론은 침묵하고 있다. 이러한 숨이 막힐 것 같은 답답함을 이겨 내고 학생 언론과 관련된 글을 써야 하는 게 고통스럽지만 그래도 이 칠흑 같은 어둠 속에 조그마한 희망의 빛줄기가 비칠 것이라고 믿는 어리석음으로 지난 3년간 학교에서 학생들과 신문을 만들었던 이야기를 풀어 보고자 한다.

학생회 신문 = 일?

광주학생인권조례를 만들면서 고민했던 것은 '과연 체벌이나 폭언이 사라지고 두발, 복장이 자율화되면 학생들은 평화로운 학교에서 자신의 인권을 누리며 살 수 있을까' 하는 의문이었다. '학생인권조례를 학생이 아니라 어른들이 주체적으로 만들어 가는 상황이 과연 올바른 것일까?' 하는 의문도 함께 들었다. 학생들이 자신들의 이야기를 쏟아 내고 그 속에서 스스로 가치를 만들어 가며 그 가치가 인권의 이름으로 자리 잡는 것이 중요하다는 생각에서였다.

나는 이러한 의미를 살릴 수 있는 한 방법이 '학생회 신문'이라 판단했다. 물론 그동안 학생회 신문들은 많이 있었다. 그러나 대개 학교에 대한 비판적 시각을 거세당한 채 학생들의 알 권리와 말할 권리보다는 교사들의 '말할 권리'만을 보장하는 수준에 머물렀다. 교사들이 학생들에게 가르치고 싶고 알리고 싶은 이야기를 학생회 라는 '용역'을 이용하여 만드는 것이다. 이와는 다른 신문을 학생들 과 만들고 싶었다.

3년 전 학생부장을 하던 나는 학생회에 신문을 만들 것을 제안 했다. 처음 제안을 받았을 때 학생회는 신문 만들기를 마치 새로운 일이 하나 더 생긴 것처럼 여기는 듯했다. 학생회 신문이 가지는 의 미에 대해 진지하게 고민하는 모습 역시 아직 찾기 어려웠다. 어쩌 면 학생들의 그런 반응은 당연했다. 초등학교 시절부터 자신들의 의견이 반영되기보다는 묵살되는 경험을 해 왔고, 학교와 교사로부 터 늘 일방적인 명령과 요구만 받아 온 학생들의 입장에선 갑자기 자신들의 이야기를 할 수 있는 매체를 만들어 보자는 교사의 제안 이 반갑기보단 의심스러웠을 것이다. 절반의 불신과 절반의 기대. 그렇게 학생회 신문을 만드는 일이 시작되었다.

어라, 이게 아닌데

나와 계속 대화를 해 가는 과정에서 학생회 아이들도 어렴풋이

나마 자신들만의 언론을 갖는 게 중요하다는 판단을 하게 된 듯
했다. 나는 이제 학생들이 어떻게 신문을 만들어야 하는지 내게 귀
찮을 정도로 도움을 요청하리라 예상하며 학생들을 기다렸다.

그러나 나의 예상은 보기 좋게 빗나갔다. 그동안 유지되어 오던
학생회의 조직상 홍보부가 신문 제작 업무를 맡게 되었는데 홍보부
장 혼자서만 가끔 와서 "선생님, 신문 어떻게 만들어요?"라고 물어
볼 뿐이었다. 다른 학생들은 자신의 부서 일이 아니기에 신경을 쓰
지 않아도 된다고 여기는 듯했다.

하기야, 평소에 신문 한번 읽지 않던 아이들에게 신문을 만들라
고 하니 그 막연함이 불편함으로 다가오기도 했으리라. 그래서 신
문을 학생회 모두가 함께 만들되 홍보부장이 실무를 맡는 것으로
정리하고서야 첫 전체 회의가 열리게 되었다.

드디어 창간호가! 그런데 반응이 별로다

첫 전체 회의에서 학생회 간부들이 모두 각자 1개 이상의 기사를
작성해서 기한 내에 제출하기로 결정하였다. 그러나 기사의 방향이
나 구체적인 내용에 대해 논의하는 기획 회의 없이 개인별로 기사
수를 할당하다 보니 신문이 제대로 나올 리 만무했다. 당연히 마
감일에 들어온 기사는 신문에 실을 수 없는 수준이었다. 결국 학생
회장과 홍보부장 등 몇 명이 다시 기사를 작성하였고, 소수가 제작
한 신문이 창간호로 학생들에게 제공되었다.

그러나 정작 진짜 문제는 신문 제작에 참여한 인원이 아니라 내용에 있었다. 대부분의 기사가 학교의 소식을 단편적으로 전하는 것이거나 포털 사이트에서 퍼 온 연예 관련 뉴스들이었다. 학교 내부의 문제에 대한 진지한 고민이나 비판 의식 없이 단순 정보만을 제공하니 동료 학생들로부터 외면받을 수밖에 없었다. 학생들의 냉담한 반응은 당연한 것이었다.

전문가의 손길을 받다

창간호가 외면받은 것을 학생들만의 탓으로 돌릴 수는 없는 노릇이었다. 지도 교사인 나 자신 또한 학창 시절은 물론이고 교사가 되어서도 신문을 만들어 본 경험이 없던 터라 학생회 신문을 제작하기 위한 사전 작업을 소홀히 하였던 부분이 있었다. 당위만을 가지고 꼼꼼히 준비하지 못해 처참한 대가를 치른 것이었다. 결국 광주 지역에 있는 의식 있는 신문 기자를 물색해 도움을 요청하기로 하였다.

신문 기자를 모셔 학생들과 함께 신문 제작에 대한 연수를 세 차례 정도 받은 후부터는 구체적인 그림이 그려지기 시작했다. 특히 '어떤 내용을 기사로 다룰 것인지'에 대해 이야기의 물꼬를 트자 학생들이 그동안 부당하다고 느꼈던 학교의 제도나 관행에 대한 불만을 봇물처럼 쏟아냈다. 교사들이 학생들에게 기분 나쁘게 말하는 것부터 여름철 급식소가 너무 더워서 식사가 어려운 것, 급식을 할 때 교사들은 줄을 서지 않고 바로 식사를 하는데 학생들은 긴 줄과 새치기로 식사가 늦어지는 것, 수업 시간에 학교 행사에 동원되는 것, 매점에서 이윤이 적게 남는다는 이유로 교통카드 충전기를 운영하지 않는 것, 흡연한 학생이 발생하면 화장실을 폐쇄해서 담배를 피우지 않는 학생들까지 피해를 입는 것, 두발이나 복장에 대한 교사들의 지나친 간섭과 불합리한 처벌까지…….

신문을 그저 간단한 소식이나 싣는 것 정도로 인식했던 학생들은 이렇게 자신들이 학교에 대해 갖고 있던 생각들이 기사화될 수 있다는 것을 깨닫고는 흥분했다. 이런 내용들을 담는다면 분명 다른 학생들에게도 호응을 받을 것이라는 기대로 가득 찼다. 마치 방금 은총을 충만히 받은 신자처럼 의욕이 넘쳐났다고나 할까? 지금 당장이라도 신문사 하나를 차릴 수 있을 것 같은 의지와 용기가 학생들에게서 느껴졌다.

뜨겁던 모습은 어디에

연수 후 우리는 신문 제작 체계를 새롭게 잡았다. 사전 기획 회의와 데스크 회의, 편집 회의가 꾸려졌으며 학생 기자단을 운영하여 학생회 임원들뿐만 아니라 학생 모두가 기자가 되어 기사를 쓸 수 있는 시스템도 구축하였다.

모든 회의는 학생회가 스스로 하기로 했다. 지도 교사는 회의를 통해 나온 원고들을 보고 맞춤법을 살피고 보충 취재의 필요성 정도만 언급하고 될 수 있으면 학생들이 쓴 그대로 게재하기로 했다. 즉, 교사가 기사를 검열하지 않는 것을 원칙으로 정한 것이다.

기사 마감일이 다가올수록 변해 있을 학생들의 모습에, 그들이 썼을 기사에 나는 다시 기대감으로 설레었다. 그러나 설렘이 실망감으로 변하는 데는 오랜 시간이 걸리지 않았다. 마감된 기사들을 보니 연수 전보다는 많이 좋아졌지만 여전히 불성실하게 몇 줄 적어 내는 형식적인 기사가 대부분이었다.

이러한 불성실함으로 인하여 처음에 세웠던 '지도 교사의 개입은 최소화한다'는 원칙도 조금씩 무너져 갔다. 나는 기획 회의부터 학생회장과 함께 동석하여 회의를 진행했고, 학생회 기자단을 다시 꾸려 중간 점검과 편집 회의, 데스크 회의 등을 진행하였다. 이런 식으로 내가 제작 과정에 개입해 그게 어느 정도 자리를 잡자 학생회장이 스스로 회의를 진행할 수 있을 정도의 수준에 이르렀다. 그러나 여전히 기사의 내용은 학교 제도나 문화에 대한 근본적인 접근보다는 단순한 사건 보도나 건의 사항 정도에 머물러 있었다.

학생들이 불만 정도만 표현하는 것을 넘어서려면 학교 안에서 벌어지는 문제를 바라볼 자신들의 관점과 언어를 만드는 게 필요해 보였다. 학교라는 공간을 좀 더 구조적으로 깊게 들여다볼 수 있는 공부가 필요했던 것이다. 그래서 학생회 임원들과 청소년단체에서 진행하는 학생인권 토론회나 시의회에서 진행한 학교자치조례 공청회, 다른 지역의 학생회연합회 회의, 학교 폭력 학생부 기록 반대를 위한 시민사회단체 공청회 등에 함께 참여하면서 시각의 폭과 깊이를 넓혀 주는 작업을 병행했다.

사실 학생회 신문을 처음 시작할 때 순탄하게 잘 진행될 거라는 생각은 하지 않았지만 내용을 채워 가기 위해 이렇게 많은 노력이 들 거라고는 예상하지 못했다. 은연중에 나는 말할 수 있는 자리만 만들어 주면 학생들이 바로 자신들이 하고 싶었던 이야기들을 술술 꺼내리란 기대를 했던 것이다. 신문 만들기는 여러모로 나 자신의 어리석음을 발견하는 기회가 되었다.

교감 선생님이 가장 먼저 보는 신문

그렇게 함께 공부해 가며 신문이 큰 무리 없이 제작되던 중 우려하던 일이 발생했다. 기사의 내용이 교사와 학생 간의 갈등, 교장과 학생 간의 갈등을 다루게 되면서 학생들이 주저하기 시작한 것이다. 학생들은 "선생님, 이 기사 교장 선생님 이야기인데 실을 수 있나요?"라고 물어 왔다. 학생들이 스스로 검열을 하는 것이다.

심각하게 우려가 되어 학생들에게 이렇게 말했다. "어떠한 대상도 두려워하지 말거라. 너희가 정말로 두려워해야 하는 것은 이 기사가 진실인가 아닌가 하는 것이다." 학생들은 주저하였던 기사를 작성하였고 신문에 실리게 되었다.

신문이 나오자마자 교감 선생님이 나를 찾아왔다. 교감 선생님은 이런 기사를 싣는 게 적절한지에 대해 항의했고, 나는 교감 선생님에게 기사 내용에 잘못된 점이 있는지 물었다. 그러자 교감 선생님은 내용에는 잘못이 없지만 학교 위신도 있는데 이런 내용이 신문에 실리는 것이 학교 이미지에 좋지 않을 수 있으니 앞으로는 사전에 결재를 받을 것을 요구했다. 물론 예상되었던 요구이기도 했지만 그 요구를 받아들일 생각은 애초부터 조금도 없던 터라 바로 거절했다. "군사독재 시절에 헌법에 보장된 언론과 출판의 자유를 무식한 군인들이 짓밟던 것을 교감 선생님께서 똑같이 저지르시지는 않겠지요?" 내 말에 교감 선생님의 표정은 좋지 않았지만 그때부터 교감 선생님은 신문이 나오면 가장 먼저 구독하는 '애독자'가 되었다. 이 일은 학생회가 더욱 철저하게 취재를 하게 되는 계기가 되기도 했다.

떠나는 불안감

신문이 나름 자리를 잡고 학교에서 발생한 여러 가지 부조리한 일들이 신문에 의해서 알려지고 해결되어 가는 과정들을 보면서 학생회 아이들이 느끼는 보람도 컸다. 학생 기자들은 화장실 흡연을 핑계로 학교에 화장실이 하나둘 폐쇄되는 상황을 보도해 문제를 해결하기도 했고, 학교 앞에 잘못 만들어진 횡단보도에 대해 구청과 시청에 요구하여 안전시설을 설치하게 만들기도 하였다. 학생에게 교사가 한 폭언과 폭행을 고발하기도 했으며, 학교에 학생 편의 시설을 요구하거나 교사를 대하는 학생들의 자세에 대해서까지 매우 다양한 이야기가 신문을 통해 논의되었다.

가장 기억에 남는 일은 학교 매점이 정크 푸드를 판매하는 것과 매점 환경이 비위생적인 것에 대해 문제를 제기하고 그것을 해결했던 것이다. 학생들이 매점에서 사 먹는 식품의 거의 대부분은 학교 밖에서는 구경하기 힘든 정체불명의 제품들이었다. 이에 학생회에서 매점에서 판매하는 모든 식품의 포장지를 모아 식약청 홈페이지를 통해 불량 식품 유무를 확인했는데, 가까스로 기준치를 만족시킨 수준의 것들이었다. 규정상 불량 식품은 아니지만 권장할 만한 식품이 아니라 판단되었다. 참교육을위한전국학부모회에서 학내 매점의 식품 안전 모니터링을 한다는 소식을 듣고 자료를 구해 분석하여 건강한 식품을 판매하는 건강 매점을 우리 학교에도 설치할 것을 기사를 통해 제안하고 학생들의 의견을 모았다. 그런 뒤 다른 지역의 학교 매점도 살펴보고 시의원과 시장을 만나 예산도 요구해서 결국 학교에 건강 매점을 유치하는 데 성공했다.

학생들은 신문 만들기를 통해 부당한 권력에 저항하는 법도 배워 나갔다. 기자들의 취재 대상은 담임 교사부터 시작해 교장 선생님, 교육감, 학부모, 학급의 '쎈' 학생들까지 가리지 않았다. 이렇게 신문을 통해 문제들이 공론화되기 시작하자 교사들은 교실에서 말과 행동을 이전보다 조심하게 되었고, 학생들은 부당하게 친구를 괴롭히는 학생을 좌시하지 않았다. 그런 모습이 포착되면 기사화되어 학교공동체의 논의 대상이 되었기 때문이다.

가장 보람된 부분은 기자가 아닌 학생들 역시 학생 언론의 의미와 가치를 깨닫기 시작했다는 점이다. '화장실도 허락받고 가야 하나와 같이 자신들이 생활에서 부딪히는 문제들을 이야기할 수 있는 공적인 통로가 열렸기 때문이다.

하지만 나는 만기 근무로 인한 전근이 예정돼 있던 터라 과연 내가 떠난 후에도 학생회 신문이 잘 발간될지 불안한 마음이 있었던 것도 사실이다. 특히 학생회 담당 교사나 학생부장, 교장·교감 선생님의 지능적이고 치밀한 방해 혹은 방치를 학생들이 잘 이겨 낼 수 있을지 걱정이 컸다. 그러나 가장 큰 걱정거리는 학생회 신문에 대한 학생들의 애정이 사그라지거나 학생들의 자발성이 사라져 버리는 것이었다.

촉은 살아 있다

올해 학교를 옮긴 후 나의 걱정은 현실로 다가왔다. 학생회 아이들로부터 연락이 왔는데 자꾸 학생회 담당 교사가 기사를 검열하고 삭제하도록 요구한다는 것이다. 그런 기사들은 대부분 교사들의 '부끄러운' 부분을 다룬 것이었다. 예컨대, 새로 바뀐 학생부장이 학생들을 강당에 모아 놓고 말하던 중에 떠든 학생의 가슴팍을 발로 찬 사건이 발생했는데 이를 기사화하려고 하자 학생회 담당 교사가 기사화하지 못하도록 방해를 했다는 것이다. 먹먹함이 가슴을 짓눌렀다. 교사가 학생의 가슴팍을 발로 차는 것으로도 모자라 이를 학생들이 신문에 실으려는 것까지 방해하는 모습이라니.

기사를 검열받게 되자 점점 학생들은 학생회 신문에 흥미를 잃어 가는 듯했다. 너무도 초라한 학생들의 모습에 좌절감이 밀려왔다. 그 모습을 멀리서 지켜만 보아야 하는 내 심정은 이루 말할수 없이 참담했다. 언론 검열을 하고 있는 것에 대해 전혀 문제의식을 느끼지 못하는 학생회 담당 교사나 그러한 구조를 견고하게 외곽에서 지탱해 주는 학교 관리자와 학생부장, 그러한 교사의 야만적 행태에 너무도 쉽게 무릎을 꿇는 학생들⋯⋯. 무엇보다 학생들에게 그러한 야만적 행태와 싸울 수 있는 힘을 제대로 길러 주지못한 나의 잘못에 마음이 아팠다.

다시 시작을 꿈꾸며

학생회의 한 아이에게서 전화가 왔다.

"선생님, 작년에 건강 매점 사업 진행하고 가셨는데요, 학교에서진행이 잘 안 되는 것 같아요. 어떻게 취재를 해야 할까요?"

학생들이 다시 취재를 제대로 하기 시작했나 보다. 내가 학생들을 믿지 못하고 쉽게 실망했던 것이 부끄러웠다. 이런저런 이야기를 하는 동안 학생의 말 속에 학생회 담당 교사나 학생부장, 교감선생님에 대한 불만과 섭섭함이 진하게 묻어 나왔다. 하지만 이제학생들이 잘 이겨 내리라 믿으려 한다.

학생 자치가 학교교육에서 얼마나 중요한 교육인지를 동료 교사들이 공감하고 실천하기를 간절히 바란다. 제발 학교에서 교사들이일을 하기 바란다. 자신을 위한 일이 아니라 학생들을 위한 일을 말이다. 수업과 행정 업무 외에는 모두 불필요하고 귀찮은 일로 여기고 피하는 현실이 답답하지만 그곳에 어쩌면 교사로서의 보람이 있을 수 있음을 알려 주고 싶다. 학생들만이 교사를 행복하게 해 줄 수 있기에.

ㅣ 2013년 11·12월, 《오늘의 교육》 17호 ㅣ

임동헌 광주 중등 교사

학생들의 말을 '들어 주는' 것이 아니라 학생들의 말을 '듣기' 위해 노력하는 자세를 지향합니다. 교사의 성급함을 버리고 학생들과의 인간적인 유대를 바탕으로 함께 소통해 가는 것이 가장 중요하다고 생각합니다. 교사로 살아가는 것에 대한 고민과 실천이 언제쯤 끝날지 조금은 막막하지만 그래도 교사로 살아가는 것은 축복받은 거라 생각하며 학생들과 함께 살아갑니다.

조폭이길 거부하는 교사,
스스로의 권리를
외치는 어린이

교사와 학생이 각자의 자리에서 하는 세 가지 선언

이희진 대구 초등 교사

2012년 11월 전국학교비정규직노조가 파업을 했을 때 학생들과 그에 대해 이야기를 나누어 보려 했는데 내가 가진 고민들이 뭔가 성에 차지 않아 결국 하지 못하였다. 그러다 올해 대구시교육청이 급식 조리원들에게 급식비를 내도록 종용하고 본인의 동의 없이 원천징수했다는 기사를 보고 뭔가 해야겠다는 생각이 들었다. 학생들과 함께 연명하여 성명서를 쓰고 싶었지만 겁이 났다. 학교에서 뭐라고 할까, 보호자들이 항의하진 않을까……. 그러다 시기를 놓쳤다.

시간이 흘러 이번 노동절에 성소수자노동자권리선언, 장애인권리선언, 청소년노동자권리선언, 알바노동자권리선언 등이 발표된다는 소식을 들었다. 그래서 학생들에게 우리도 한번 해 보지 않겠느냐고 제안했다. 교사인 나는 체벌을 거부하는 선언을 썼고, 학생들은 어린이권리선언과 학습노동자권리선언을 공동으로 썼다. 지금부터 이어질 글은 각자의 자리에서 하는 우리의 선언이다.

스승의 날이라 말하건대 나는, 조폭이 되지 않겠다
- 조폭 거부 선언

예전에 1층 교실에서 6학년 담임을 한 적이 있다. 고학년은 보통 위층 교실이 배정되는데 우리 반만 1층 교실을 썼다. 우리 반 학생 한 명이 4학년 때 창문에서 뛰어내리려 한 적이 있기 때문이었다. 그 학생이 배정되는 반은 매해 1층 교실을 썼다.

그 학생이 창문에서 뛰어내리려 했던 이유는 아마도 다른 학생들의 괴롭힘 때문이었던 것 같다. 지능이 다소 낮아 수학과 국어를 특수학급에서 공부했던 그 학생은 다른 학생들과 서로가 존중하는 관계로 지내지 못했다. 늘 다른 학생들의 놀림을 받았고 특별한 괴롭힘을 당하지 않을 때에도 자신을 환영하거나 자신의 이야기에 귀 기울여 주는 사람을 가지지 못했다. 무시와 외면은 그 사람을 숨 막히게 했으리라. 교사인 나는 별 도움이 되지 못했다.

6학년 담임을 맡았던 다른 한 해에는 학생 사회 안에 권력층이 매우 분명하게 형성되었다. 학생 사회에서 상대적으로 더 권력을 가진 사람들과 그렇지 않은 사람들 사이의 권력 구도는 거의 대부분 나타나지만 그해에는 좀 더 극명했다. 특별실 수업을 가서는 여러 명의 학생들이 체구가 작은 학생 한 명을 둘러싸고 때리기도 했다. 교사인 나는 훨씬 나중에서야 그 일을 알았다.

어느 해에는 더 이상 살고 싶지 않다고 매일 우는 학생을 만나기도 했다. 그 학생은 감정 조절에 곤란을 겪었는데 자신의 감정이 빨리 사그라지지 않는 것에 대해 스스로도 굉장히 힘들어했다. 그게 너무 괴롭다고, 분노가 사라지지 않아 머릿속이 터질 것만 같다는 그 학생과 나는 매일 싸우고 씨름하며 보냈고, 그 학생이 다른 학생들과 서로에게 인권 침해적인 말과 행동을 하며 하루하루를 살아 내는 것을 보았지만 어디서부터 무엇을 변화시켜야 할지 그 끈을 찾아내기가 몹시도 어려웠다. 화를 자주 내고 감정이 폭발하면 짧은 시간 소위 '필름이 끊기는' 학생을 만난 적도 있었다. 이 학생은 다른 학생을 때려도 자기가 누구를 어떻게 때렸는지 기억하지 못했다.

지금과 같은 학교 폭력 정국에서 내가 만났던 학생들은 '주의 학생'으로 분류될 것이다. 그래서 학생과 씨름할 때마다 네이스^{NEIS : 교육행정정보시스템}에 접속해 학생과 몇 분 동안 어떤 주제로 이야기를 했는지 입력하고 학생상담카드에 상담 내용을 교우 관계/성적/가정문제/게임 과몰입/학교 폭력/자살 충동 등으로 분류해서 기록해야 할 것이다. 하지만 그 기록이 쓰이는 곳은 단 하나다. 어떤 사건이 생겼을 때 교사와 학교가 책임 소지에서 벗어날 수 있게 해 주는 물적 증거. 교육부와 교육청에서는 학생들의 상담과 지도에 필요한 자료라고 하지만 사실 그렇게 되려면 더 다양한 자료들이 포함되어야 한다. 내가 만약 학생과 자살 충동에 대해 상담을 했다고 네이스에 입력했다면 적어도 몇 가지 조언이나 관련된 기관들의 연락처, 다음 상담에서 쓸 수 있는 몇 가지 전략들이 팝업으로 떠야 하는 게 아닌가. 그건 시스템상으로 크게 어려운 일이 아니다. 정말로 그 기록들을 상담이나 교육적 의도로 사용하려고 한다면 그 정도의 노력은 존재해야 한다. 그러나 이미 끝난 상담에 대한 기록을 열어 보는 사람은 아무도 없다. 정말 아무 데도 쓰이지 않는다. 그저 몇 회, 몇 분 동안 상담했다는 기록이 존재한다는 것이 이 기록이 가진 의미의 전부다. 이건 마치 일수 도장을 찍는 느낌이다.

답답한 마음에 이곳저곳 다녀 보았다. 하루는 교사, 경찰, 심리학자, 상담가 등 여러 영역의 전문가들이 모여 학교 폭력 예방과 자살 충동 해결에 대한 포럼을 연다고 해서 찾아갔다. 그런데 청소년들의 자살 충동을 주로 상담한다는 심리학과 교수가 학교 폭력을 해결하려면 교사가 '쎄게!' 나가야 한다고 말했다. 일진이 있으면 그 일진보다 교사가 더 세게 나가야 한다고 말이다. 그 말을 듣는 순간 온몸에 소름이 돋았다. 그 말은 내게 일진보다 더 센 초일진이 되라는 말이지 않은가.

2011년, 스승의 날이자 세계 병역 거부자의 날인 5월 15일에 나는 공개적으로 '양심적 체벌 거부 선언'을 했다. 많은 보호자들이 내게 "때려도 괜찮으니 잘 가르쳐 주십시오"라고 말하고 동료 교사나 관리자들이 더 엄하게 학생들을 다루어야 한다고 조언을 하던 때였다. 사람들은 학생들이 교사를 무서워하지 않아 학교의 질서가 무너지고, 사고가 나고, 학생들이 공부를 열심히 하지 않고, 예의가 없어지는 거라고 했다. 난 체벌을 강요받는 느낌이었다. 아니 강요받았다. 하지만 난 체벌 후 학생들이 날 바라보는 그 혐오와 거부와 불안의 눈빛을 다시는 경험하고 싶지 않았다. 어쩌면 내가 겁이 많은 건지도 혹은 무책임한 건지도 모른다. 그러나 나는 교사로 존재하는 시간 동안 혐오당하고 거부당하고 누군가를 항상 위협할 수 있는 '괴물'로 살고 싶지 않았다. 괴물이 되고 싶지 않다는 것이 한국 교사가 언감생심 가져서는 안 되는 과분한 욕심인가? 설혹 내가 무책임하더라도, 설혹 내가 겁쟁이더라도, 내게 체벌을, 폭력을 행하지 않을 자유는 있지 않은가. 체벌하지 않으면 학생들이 숙제를 해 오지 않고, 체벌 없이는 학생들이 복도에 줄을 서지 않는다면 그건 애초에 불가능한 일이었던 것이다. 나의 죄악으로 불가능한 일을 가능하게 만들어야 유능한 교사가 되는 거라면 나는 무능해지겠다, 그렇게 선언했다.

그로부터 2년. 내가 무능해지고 체벌을 하지 않아도 교실은 무너지지 않았다. 아니, 정확히 말하자면 '더' 무너지지는 않았다. 교실 붕괴는 교사가 어떻게 한다고 해결될 수 있는 문제가 아니라는 것을 좀 더 확실히 체감했다. 무능한 교사인 내가 아무것도 하지 않아도 교실은 폭발하지 않았다. 학생들이 모두 다 멍청이가 되지도 않았다. 그렇다고 나와 만나는 학생들이 교사인 나와 학교를 좀 더 좋아하게 되지도 않았다. 교실 붕괴는, 그리고 학생들이 가지는 학교에 대한 거부감은 교사가 행하는 폭력만으로 형성된 것이 아니기 때문이다. 오히려 지금의 학교, 지금의 교육이 가지는 기만과 위선이 더 본질적인 부분을 차지하고 있는지도 모르겠다. 실제로는 순응하고 침묵하는 사람으로 조형하면서 겉으로는 '학생을 위한다'고 말하는 위선 말이다.

아이는 대부분의 시간을 학교에서 보낸다. 부모들은 이를 가리켜 '아이를 사회화시킨다'라고 말한다. 배울 게 하나 없다고 해도 학교는 아이들에게 좋다는 것이다. 적어도 아이가 친구들과 놀 수 있기 때문이다. 그러나 학교에서는 진정한 동료애를 쌓을 수 없고 자신의 표현을 마음대로 할 수도 없다. 오히려 학교는 사회 통제의 왕국이라 할 수 있다. (……) 학교는 아이들을 길들이고 교화시키는 곳이다. 학교는 너무 똑똑하지도, 너무 멍청하지도 않으며 사회 모델에 순응하는 일반적인 프랑스인들을 만들어 내는 곳이다. '틀'에 잘 맞는 사람들, 정해진 해에 읽는 법을 배우는 사람들, 군소리하지 않고 바보 같은 연습 문제를 푸는 사람들을 만들어 내는 것이다. 학교는 규범을 대단히 중시한다. 학교는 기술적 능력이나 특별한 지식을 요하지 않는 평범한 일을 할 수 있는 사람들을 만들어 내고자 사람들을 포맷하는 역할을 한다. 산업사회는 따분한 일을 군말 없이 하고 여가를 통해서나 겨우 만족하는 멍청한 사람들을 필요로 한다. 학교는 이런 멍청이들을 양성하는 훌륭한 등용문이다.

- 코린느 마이어, 《노 키드 - 아이를 낳지 말아야 하는 40가지 이유》, 이미지박스, 134~135쪽

내게 조련사가 되길 강요하던 이 사회는 이제, 교사인 내가 강력한 통제자가 되길 바라고 있다. 사람이 자신과 관련되어 벌어지는 일에 대해 부정적인 반응을 보이지 않는 경우는 크게 두 가지이다. 그 일에 동의하거나 혹은 부정적인 반응을 보일 수 없는 상황이거나. 후자는, 말하자면 힘에 눌린 것이다. 앞선 토론회에서 심리학과 교수가 교사에게 일진보다 더 세게 나갈 것을 주문한 것은 명백히 후자로 학생들의 부정적 반응을 줄이라 말하는 것이다. 그 교수뿐 아니라 교육부, 교육청, 보호자, 교사 등 많은 사람들이 교사인 내게 학생들의 폭력을 누르고 '관리'하라고 명령한다. 철저하게 힘과 권력으로 이루어지는 관리. 한 학생이 '사고'를 치면 나는 즉각적으로 그 학생을 '잡아야' 하고 보복하고 응징해야 한다. 그리고 잘 응징했다고 보고해야 한다. "까불어서 밟았어요"라고 말하는 조폭이나 학교 폭력 가해자들과 무엇이 다른가. 다른 점은 국가적으로 조직되어 더 체계적이고 더 권위를 갖춘 폭력이라는 것뿐이다.

폭력의 이유나 근거가 중요하진 않다. 설혹 도벽이 있는 학생이 교사의 엄한 목소리에 졸아서 다시는 다른 사람의 물건에 손을 대지 않게 되었다 하더라도 교사의 위협이 정당하진 않다. 그 학생에

게 새겨진 공포와 폭력의 상처가 교사의 위협을 정당화할 수 없는 첫 번째 이유이고, 자기보다 더 힘없는 존재에게 엄포를 놓고 위협하는 폭력적 행위를 행한 교사에게 새겨진 폭력의 모습이 두 번째 이유이다. 민주적 의사소통이 아니라 '힘'으로 변화되는 폭력적인 학교의 모습은 폭력의 이유나 근거가 가지는 정당성이 얼마나 허구인지를 알려 준다.

나는 학생을 관리하고, 교장·교감·업무부장은 나를 관리하고, 교육청은 학교를 관리하고, 교육부는 교육청을 관리하고, 대통령은 교육부를 관리한다. 이 대규모의 폭력 조직은 끊임없이 힘으로 학생을 관리하라고 명령한다. 학교라는 조직을 버티지 못하는 이가 조직을 이탈하지 않도록, 사고를 치지 못하도록 관리한다. 내 학급, 내 교실은 내가 관리해야 하는 '나와바리'인지도 모르겠다. 그 나와바리 속에서 학생들은 학교라는 조직에서 벗어나기 위해 손가락 하나가 아니라 목숨을 걸어야 한다.

교사로 밥벌이를 하는 시간 동안 교사-학생 사이로 만난 학생이 천 명가량이다. 그중에 반 이상이 학생 간 폭력으로 절박하게 고민하고 있었고 매해 한두 명은 전쟁 같은, 혹은 언제 무슨 일이 터질지 모르는 위태로운 일상을 살았다. 나는 예전에도 올해도 그 학생들에게 무력하기 짝이 없는 쓸모없는 선생이다. 그 자괴감이 나를 좀먹는다 하더라도, 매일이 실패감으로 가득 차 괴로워하더라도 내가 그들의 위기를 좀 더 가볍게 해 주지 못하고 있다는 것, 그리고 가끔은 그들을 코너에 몰아넣는 데 내가 기여하고 있다는 것은 부정할 수 없는 사실이다. 그래서 미안하고, 그래서 부끄럽다. 하지만 그렇다 하더라도 내게는 폭력을 행하지 않을 자유가 있다. 조직적 폭력에 가담하지 않을 자유가 있다. 내가 무능하고 문제 해결에 아무 도움도 줄 수 없는 무력한 사람이라도 나는 조폭이 되는 것을 거부할 권리를 포기하지는 않을 것이다. 그래서 나는 스승의 날을 빌어 선언한다.

1. 학생에게 행해지는 모든 체벌을 거부한다.

이것은 내가 느끼는 충동과 욕구에 대한 거부이기도 하다. 직접 체벌이나 신체에 고통을 주는 간접 체벌을 하지 않겠다는 선언에 그치는 것이 아니라 학생들에게 일시에 동일한 행동을 하도록 하는 행위, 예를 들어 열중쉬어나 "손 머리!" 등을 하지 않겠다. 그리고 수업 준비나 주변 청소 등을 꼬투리 잡아 학생을 위축시키는 형태의 심리전에 대한 모든 시도를 포기하고자 한다. 학습 훈련 혹은 기초 생활 습관 형성이라는 이름으로 행해지는, 상대의 주체적 선택에 관한 고려가 전무한 각종 전략들을 거부한다.

2. 각종 형태로 이루어지는 학생 사찰을 거부한다.

책임 소지를 가리기 위해 전방위적으로 이루어지는 정보 수집과 기록에 동참하지 않겠다. 학생의 성취 수준과 현재의 특성들에 대한 평가 및 조언을 기록하는 것은 교사로서의 직무이다. 그러나 그것을 넘어서 대인 관계, 가족 관계, 사적인 발언과 행동들을 기록하는 것은 인권 침해이며 과도하게 정보를 집적하는 것이다. 나는 학생상담카드를 거부한다.

3. 학교 폭력 예방이라는 이름으로 이루어지는 국가적인 폭력 조직에 포함되는 것을 거부한다.

더 센 힘으로, 더 큰 억압과 통제로 학생들을 관리하는 폭력 조직에 난 포함되고 싶지 않다. 그리고 그것이 절대 학교 폭력을 해결할 수 없음을 난 너무나도 잘 알고 있다.

4. 물질적 선물을 거부한다.

5월이 되면 온갖 쇼핑몰에서 스승의 날 선물을 준비하라고 광고 메일을 보낸다. 아무리 3월 신학기부터 유난을 떨어도 한두 명의 보호자들은 선물을 가지고 찾아온다. 나는 사례는 물론, 그 모든 물질적 선물을 거부한다. 물질적 선물을 거부한다는 것은 그렇게 선물로 예의를 차려야 하는 교사와 보호자 간의 관계를 거부하는 것만을 말하는 것은 아니다. 사탕, 선물, 스티커 등 교사가 학생들에게 제공하는 물질적 선물에 대한 거부를 포함하는 것이다. 그 역시 높은 자가 낮은 자의 복종에 시혜를 베풀어 상대를 길들이기 위한 물질적 수단들을 나의 선택지에서 배제시키는 것이다.

2013년 5월 15일
칠성초등학교 교사 이희진

어린이날맞이 어린이권리선언

1. 어린이들은 의무적으로 교육은 받되, 억지스러운 교육을 시키는 것은 반대한다. 즉 기본적인 교육은 다져지도록 책임지되 어린이가 원하지 않는 학습은 자제할 권리가 있다.

2. 어른들에 비해 아이들이 약자라고 생각되지 않을 권리가 있다. 무시하지 말기. 사람들은 아이들을 차별할 권리가 없다.

3. 아이들도 어른들과 같이 스트레스를 받으므로 그에 따른 해결 방법이 주어질 권리가 있다. 왜냐하면 어린이들도 어른들 못지않게 힘든 일을 겪기 때문이다. 인권!

4. 어린이들이라고 얕보면 안 된다. 어린이들 사이의 폭력은 친구 관계 등에서 나타나는 것이므로 조금 더 관심을 보여야 한다. 또 그렇다고 약자라고 보면 안 된다. 우리는 똑같은 인간이기 때문이다. 어린이들도 이 지구에 존재하는 인간이다! 여러분이 만약 아이들을 약자라고 생각하면 여러분들은 여러분들보다 더 높은 자에게 약자 취급을 받아도 된다는 뜻이라고 받아들일 거다. 선언!

5. '장애인을 차별하지 말자!'라는 말은 자주 듣지만 '어린이를 차별하지 말자!'라는 말은 들어 본 적이 없다. 이것은 사람들이 어린이들을

하찮게 생각하는 것과 다름없다. 어린이들을 챙겨 주되 노약자로 보지
말자. 어린이들이 인권에 대해 알기까지 얼마 남지 않았어.

2013년 5월 5일

이혜지(가명)

5.1 노동절맞이 학습노동자권리선언

우리는 학습노동자입니다. 학생이라는 말 대신 학습노동자라 말하
는 것은 우리의 공부가 우리만을 위한 것이 아니라 이 세상을 만들어
나가기 위한 것이기도 하기 때문입니다. 5월 1일 노동절을 맞아 우리는
다음과 같이 우리의 권리를 선언합니다.

하나, 학습노동자들은 공부를 할 권리가 있듯 쉴 수 있는 권리도 있
어야 합니다. 요즘 학생들은 아침 일찍 일어나 저녁까지 학원에 있다
오고 토요일 같은 휴일에도 공부 때문에 학원에 가 쉴 시간이 많이 없
습니다. 다크 서클과 피곤함, 그리고 항상 잠이 옵니다. 저녁을 굶는 경
우도 있습니다. 그러므로 쉴 시간이 있어야 합니다.

하나, 과도한 학습을 강요받지 않을 권리가 있습니다. 학습 스트레스
때문에 학생들이 심한 말을 하거나 선생님한테 욕을 하기도 합니다. 매
일 학원을 가는 것은 안 됩니다. 공부를 많이 하는 것은 학습에는 도
움이 되지만 성장에는 방해가 됩니다.

하나, 학습노동자는 학교를 다니지 않을 수 있는 권리가 있습니다. 학교에 있는 시간 대신 자기가 하고 싶은 것을 선택할 수 있어야 하기 때문입니다.

하나, 학습노동자들은 시험을 보지 않을 권리가 있습니다. 수능, 중간고사, 기말고사, 경시대회 등 학생들이 쳐야 하는 시험이 많습니다. 이렇게 시험이 많아지면 오히려 학습에 흥미가 떨어질 수 있습니다.

하나, 학습노동자들은 선택할 권리가 있습니다. 특히 강제로 돈을 내고 현장체험학습을 가지 않을 수 있어야 합니다. 반드시 필요한 체험학습이라면 돈을 내지 않거나 지금보다 더 적게 낼 수 있어야 합니다. 또한 대학의 등록금을 싸게 해야 합니다.

하나, 학습노동자들은 학년에 따라 차별받지 않아야 합니다. 학년은 나이로 구분되는 것이고 더 높은 학년은 더 낮은 학년보다 더 오래 배웠고 더 어려운 것을 배우는 것뿐입니다. 어떤 선생님은 "역시 6학년이구나!"라는 말을 하기도 합니다. 학년에 따라 칭찬받거나 학년에 따라 야단맞거나 학년에 따라 다른 대우를 받는 것은 옳지 않습니다.

하나, 학습노동자들은 학습을 하고 보상을 받을 권리가 있습니다. 노동자는 일을 하는 사람을 뜻하고 학습노동자들은 스스로에게 도움이 되는 학습도 있지만 세상을 발전시키고 사회에 도움이 되도록 하는 학습도 하는데 그렇다고 하면 학습노동자들도 노동자에 해당됩니다. 반드시 돈이 아니라 하더라도 적당한 보상이 있어야 합니다.

2013년 5월 1일
겨울 경은 광진 규민 다빈 도현 민성 민제 상헌 선우 세진 신영 연우 연주 영훈 예빈 예은 의찬 재운 재환 준원 지우 지원 지혜 하민 한규 혁재 현수 현욱 혜원

이희진 대구 초등 교사

발령 첫해, 운동회에서 부채춤 지도를 맡았습니다. 조회대에서 마이크를 들고 학생들에게 줄에 각이 잡히지 않는다고 소리를 지르는데 다른 교사가 달려와서 여기서 이러면 안 된다고 말렸습니다. 그 다음부터 경어를 쓰며 지도했지만, 제가 잘 이해하지 못했던 것 같습니다. 그 교사의 말이 교실 '밖'에서 그런 모습을 보이면 안 된다는 의미였구나 하는 걸 나중에야 알았습니다. 나에 대한 반성과 교실의 경계에 대해 고민하게 된 계기였습니다. 2011년에 공개적으로 양심적 체벌 거부 선언을 했습니다.

하야를
하야라
말하지 못하고

학생회 담당 교사의 '찌질한' 고백

조영선 서울 중등 교사

어찌 보면 2014년 4월 16일 이후, "박근혜 정권 퇴진"은 일상의 구호였다. 그런데 그게 참 어려웠다. 교사라는 이유로, 공무원이라는 이유로……. 세월호 참사 직후 "박근혜 정권 퇴진 운동에 나서며"라는 제목의 글을 청와대 게시판에 대표로 올렸다는 이유로 한 교사가 구속되었다 풀려났다. 그 글과 관련된 교사들도 줄줄이 경찰 조사를 받았다. 그 다음 해에도 마찬가지였다. 전교조도 박근혜 정권 퇴진 선언을 하긴 했지만, 한 달 전까지만 해도 퇴진을 내건 선언을 할지 말지 논쟁으로 진통을 겪었다. 그래서 백남기 농민이 돌아가시고 시신이 침탈될 위기에 놓인 상황에서도 구호는 "책임져라"였다. "박근혜 정권 퇴진"이 입에서만 맴돌던 중, '박근혜-최순실 게이트'라는 판도라의 상자가 열리면서 갑자기 다들 박근혜 퇴진을 외치는 시대가 되었다. 정말 다이나믹 코리아다.

2015년에 나는 전교조 본부에서 전임을 하면서 재직하고 있는 학교 교사의 이름으로 박근혜 정권 퇴진 선언을 다시 올렸고 그것을 이유로 압수 수색도 당했다. 하지만 전임을 마치고 어렵게 복직한 뒤로는, 조용해서 질식할 듯한 학교의 공기 속에 얌전히 살고 있었다. 학생회를 맡았지만, 조심스러웠다. 학생회는 질서정연했고, 학교와 학생들 사이에 껴서 자기 목소리를 잘 드러내지 못했다. 선후배 간의 규율도 강한 편이었다. 교사가 함부로 그 질서에 개입하는 것이 혹시 학생회의 자주성을 해치는 게 될까 염려스럽기도 했다. 학생회는 예산에 대한 걱정이 많아 간식도 안 먹고 일하는 데 익숙한 상황이었다. 우선은 재정을 지원하고, 중요한 일들에 대해 논의하는 정도로 내 역할을 생각했다.

그러던 어느 날 나는 여느 때와 다름없이 11월 3일 학생의 날 이벤트를 준비하자는 제안을 했다. 엄청난 기획을 했던 것은 아니고 학생의 날 시즌이 돌아왔으니 그냥 할 일을 한다는 정도의 느낌이었다. 학생회 회의에서는 재작년인 2014년에도 학생의 날 이벤트를 했다고 해서 그때의 피켓에 올해 구호 정도를 추가해 피켓을 만들고 '너의 꿈을 응원해'라는 게시판을 만들어 3일 정도 캠페인을 하기로 결정되었다. 기획 단계에서 떠올렸던 '꿈'은, 예컨대 '수능 대박'과 같은 진로와 관련된 것들이었다.

"박근혜 하야"가 붙은 게시판

그런데 그 게시판에 학생들이 쓴 "박근혜 하야"가 붙었다. 그러더니 곧 그 주변에 박근혜-최순실 사건과 관련된 여러 포스트잇이 붙었다. 그러자 생활지도부장 교사가 갑자기 창의인성부로 연락을 해 왔다. 그는 "애들한테 자유를 주면 이렇게 저질스럽게 나온다"라고 고래고래 소리를 지르며 다 떼겠다고 했다. 다른 부장은 애들이 보면 안 되는 것이니 다른 종이로 덮어 놓자고 했다. 나는 떼려는 손을 막으며 이건 학생회가 연 행사이니 학생회와 상의해 보고 말씀드리겠다고 했다. 서둘러 학생회와 대책 회의를 했다. 학생들의 의견은 '학생회가 붙인 것도 아니고 학생들이 붙인 것을 학생회가 뗄 수는 없다'는 것이었다. 또 "선생님들이 차라리 시위에 나가면 나가지 학교에 이런 걸 붙이지 말라고 하셨는데, 우선 못 떼겠다고 말해 보고 시위에 나가자"라고도 했다. 긴장감 속에 학생회 회의가 진행됐고, 그 다음 날 아침 7시 55분 학생회 학생들은 교장실로 갔다.

학생회 운영위원 전체가 교장실에 들어갔고, 왜 뗄 수 없는지 조목조목 말했다. 교장은 학교는 정치와 종교에서 자유로워야 한다는 신념이 있다며 이 문제는 학생회가 교장의 의견을 받아들여야

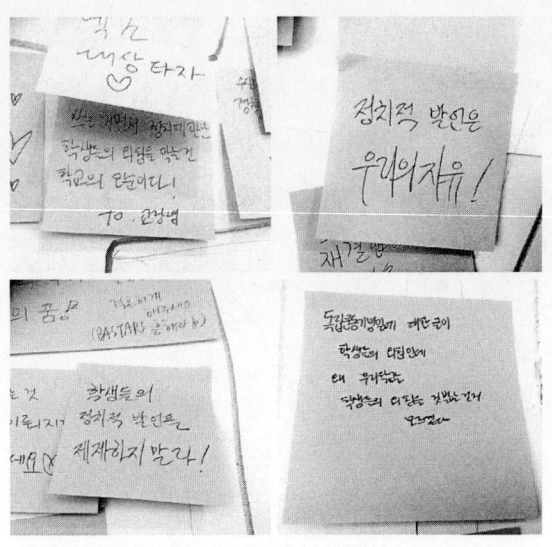

학생들이 게시판에 붙인 '박근혜 대통령 하야'에 대한 포스트잇.

한다고 했다. 마지막으로 자신도 이 시국에 대해 할 말이 있지만, 학교에서는 말하지 못한다며 정치적 금치산자로서의 교장의 처지를 이야기했다. 학생들은 이에 더 말을 하지 못했다. 사실 교장은 공권력을 행사하는 공무원 중 하나니까 정치적 중립을 지켜야 할 수도 있을 것 같다. 하지만 교장이 적용받는 그런 기준을 학생들에게 강요할 수 있는 것은 아니다. 그래도 학생들은 교장도 못 하는 것을 학생들이 한다고 할 수는 없다고 생각했던 것 같다.

교장이 결국 물러서지 않으니 학생들이 나올 수밖에 없었다. 교장은 간담회를 마치고 나보고 올라가라고 하더니, 회장, 부회장을 불러 1교시 전에 포스트잇을 다 떼라고 말했다고 한다. 그 말을 들고 어쩔 줄 모르는 학생회 학생들에게 나는 우선 이 사실을 학생들에게 알리는 것이 중요하니, 학생들에게 상황을 알린 뒤 자진 철거를 해 달라고 요청한 후 그래도 안 되면 정리하겠다고 하는 것이 어떠냐고 했다. 그래서 학생회는 11월 2일 오전 9시쯤 페이스북에 이런 글을 올렸다.

안녕하세요, 학생회입니다.

학생의 날을 맞아 준비한 캠페인에 대해 말씀드릴 사항이 있어 글을 올립니다.

월요일부터 목요일까지 진행되는 학생의 날 캠페인 진행 중 여러분의 메시지 내용에 대해 학교 선생님들과 의견 충돌이 있었습니다.

학생회는 여러분의 의견을 끝까지 존중하려 했지만 교장 선생님께서는 학교 내에서는 정치적, 종교적으로부터 자유로워야 하며 중립적 가치관을 지니고 있어야 한다는 말씀과 함께 몇 가지 글을 철거하라고 말씀하셨습니다.

저희 학생회는 학생회 임원이기 이전에 영등포여고 학생의 입장에서 친구 혹은 선배의 메시지를 함부로 뗄 순 없다고 생각합니다. 저희가 생각한 최선은 점심시간 전까지 자체적으로 떼어 주시는 것입니다. 저희 학생회는 여러분들의 의견을 존중할 것이며 다른 방안을 찾아 다시 공지를 하겠습니다. 감사합니다.

그러고 나서 점심시간이 되었다. 그런데 그 사이에 누군가 게시판에 특정 교사의 이름을 거론하며 "○○○과 ○○○ 학교에서 나가"라는 포스트잇을 붙였다. 이런 억압적인 상황에 대한 분노의 표출이었는지는 알 수 없다. 교장은 특정인에 대한 인신공격이 행해졌다며 그것을 문제 삼았고, 우려하던 일이 터졌다며 당장 철거하라고 했다. 점심시간에 결국 다른 부장이 학생회를 시켜 포스트잇들을 철거하게 했다. 학생회는 일부는 철거하고 일부는 다른 포스트잇으로 가려 놓았다. 학생들은 이렇게 포스트잇을 떼이게 된 것에 분노하여 이에 항의하는 포스트잇들을 다시 붙였다.

학생회에서는 학생들의 이런 목소리를 모아 학생회가 주최하여 11월 12일 집회에 참여하기로 결정했다. 당일 신길역에는 학생회 위원들을 포함하여 18명의 학생들이 모였고, 집회장에서는 먼저가 있던 학생들과 만나기도 하였다.

함께 가 보니, 이 학생들은 모두 거리 집회를 처음 경험해 보는 것이었다. 인파에 묻혀 잃어버릴까 봐 내가 손을 들고 걸었더니 모든 학생들이 함께 손을 들었다. 나름 학생회 이름으로 만든 피켓에 각자의 목소리를 담아 학교에서 못 외쳤던 그 말들을 열심히 외쳤다. 서로 잘 모르는 학생들끼리 만나 함께했던 이 경험이 학생들에게 어떤 자국을 남겼을지 사뭇 궁금하다.

'찌질한' 고백을 하는 이유

화려한 시국 선언과 학생들의 재기 발랄한 표현이 분출되는 상황에서 어찌 보면 초라한 이야기를 글로 쓰는 이유는 교장과 학생회 사이에서 침묵을 지켰던 나의 '찌질함'에 대해 고백해야겠다고 생각했기 때문이다. 오히려 수업 안에서 대자보 쓰기를 하는 건 쉬웠다. 수업권이라는 틀 안에서 학생들이 하고 싶은 이야기를 하게 하는 것이었기 때문에 내 권한 안에서 학생들의 목소리를 드러나게 할 수 있었다. 그런데 그것이 수업이라는 경계를 넘어서 공적인 공간에서 울려 퍼지는 목소리가 되는 순간, 나는 걱정했던 것 같다. 나의 개입이 학생회로 하여금 배후설에 시달리게 하지 않을까? 결국 인신공격이라는 빌미로 포스트잇이 다 떼어지긴 했지만, 이건 학교에서 정치가 허락되지 않았기 때문에 일어난 일이 아니던가? 학생들의 기지라고 일컬어지는 "교실 밖은 위험해, 하야 하야 순시려"와 같은 풍자도 이런 현실과 연관되어 있다. "박근혜 정권 퇴진"이라고 쓰면 혼날까 봐 추우니 문 닫으라는 말에 관련된 단어를 넣어 붙인 것이다.

그런데 교실 밖은 위험하다고 하지만, 어쩌면 정치적으로는 가장 안전하다. 학교 안에서 박근혜 하야를 외치면 눈총을 받지만 교문 밖에서는 칭찬을 받는다. 하지만 이 칭찬도 허용된 범위는 정해져 있다. 청소년들의 정치 참여에 대해 대견해하고, 중고생까지 나섰으니 곧 혁명이라도 될 것처럼 기특해하며 기뻐하지만, 한편으로 시간이 늦어지면 이제 할 만큼 했으니 집에 가라든지, 너희가 이렇게까지 하게 해서 미안하다는 말을 꼭 붙인다. 학생이 대자보를 붙이자 교사가 이에 호응하는 대자보를 붙인 일이 감동적인 사례로 신문에 소개되는 이유는 그것이 기삿거리가 될 정도로 드문 일이기 때문이다. 내가 이 글을 쓰게 된 이유도, 자랑스럽게 학생들의 대자보를 올리는 학교보다는, 우리 학교처럼 꿈틀거리는 학생들과 애면글면 이 시간을 보내고 있는 학교와 교사들이 더 많을 것이기 때문이다.

학교 몰래 학생회가 공식적으로 참여하기로 결정한 집회를 학생들과 함께 갔다가 돌아오는 길. 한편으로는 작은 꿈틀이라도 한 것 같아 기뻤지만, 다른 한편으로는 또 학교에서 침묵의 카르텔은 계속될 거라는 생각에 마음이 무거웠다. 대통령은 퇴진하라고 자신 있게 말하면서도 자신에게 폭언을 하는 교사에게 대들지 못하고 고개를 떨구는 학생들에게 나는 무엇을 말할 수 있을 것인가? 학교 밖의 박근혜에게는 물러가라고 외친다고 하지만 학교 안의 수많은 박근혜들한테 우리는 어떻게 하자고 말할 것인가? 이런 질문에 가슴을 친다.

| 2016년 11·12월, 《오늘의 교육》 35호 |

조영선 서울 중등 교사

교사로 '행복한 밥벌이'를 하기 위해 고군분투하다가 학생인권을 만났습니다. 학생인권을 통해 '내 안의 꼰대스러움'으로부터 해방되면서 학교를 견디는 힘이 커지고 있어요. 학교에서 좌충우돌하는 것을 귀찮아하지 않는, 괜찮은 교사이기보다는 '괜춘한' 인간이고 싶습니다.

교육공동체 벗

교육공동체 벗은 협동조합을 모델로 하는 작은 지식공동체입니다.
협동조합은 공통의 목적을 가진 사람들이 모여서 만든
권력과 자본으로부터 독립된 경제조직입니다.
교육공동체 벗의 모든 사업은 조합원들이 내는 출자금과 조합비로 운영됩니다.
수익을 목적으로 하지 않기에 이윤을 좇기보다
조합원들의 삶과 성장에 필요한 일들과
교육운동에 보탬이 될 수 있는 사업들을 먼저 생각합니다.
정론직필의 교육전문지, 시류에 휩쓸리지 않는 정직한 책들,
함께 배우고 나누며 성장하는 배움 공간 등
우리 교육 현실에 필요한 것들을 우리 힘으로 만들고 함께 나누고 있습니다.

조합원 참여 안내

출자금(1구좌 일반 : 2만 원, 터잡기 : 50만 원)을 낸 후 조합비(월 1만 5천 원 이상)를 약
정해 주시면 됩니다. 조합원으로 참여하시면 교육공동체 벗에서 내는 격월간 교육전문
지《오늘의 교육》과 조합 회지〈벗마을 이야기〉를 받아 보실 수 있습니다. 출자금은 종잣
돈으로 가입할 때 한 번만 내시면 됩니다. 조합을 탈퇴하거나 조합 해산 시 정관에 따라
반환합니다. 터잡기 조합원은 벗의 터전을 함께 다지는 데 의미와 보람을 두며 권리와 의
무에서 일반 조합원과 차이는 없습니다. 아래 홈페이지나 카페에서 조합 가입 신청서를
내려받아 작성하신 후 메일이나 팩스로 보내 주세요.

홈페이지 communebut.com
카페 cafe.daum.net/communebut
이메일 communebut@hanmail.net
전화 02-332-0712
팩스 0505-115-0712

교육공동체 벗을 만드는 사람들

※하파타 순

후쿠시마 미노리, 황지영, 황정하, 황정일, 황정인, 황정원, 황정옥, 황이경, 황윤호성, 황순임, 황봉희, 황미숙, 황기철, 황규선, 황고윤, 홍정인, 홍유지, 홍용덕, 홍순성, 홍세화, 홍성은, 홍성구, 홍석근, 홍미영, 현복실, 현미열, 허효인, 허은실, 허성균, 허보영, 허기영, 허광영, 합점순, 함영기, 한학범, 한지희, 한기혜, 한경혜, 한은숙, 한영욱, 한영선, 한승호, 한소영, 한성찬, 한봉순, 한민혁, 한만중, 한낱, 한경희, 하인호, 하승우, 하승수, 하순배, 하광봉, 탁동철, 최희성, 최현숙, 최현미, 최진규, 최주연, 최정윤, 최정아, 최은희, 최은정, 최은숙a, 최은숙b, 최은미, 최유진, 최윤희, 최원록, 최영식, 최영락, 최연희, 최연정, 최애영, 최애리, 최승훈, 최승복, 최슬빈, 최선영a, 최선영b, 최선경, 최봉선, 최보람, 최병우, 최미영, 최미선, 최미나, 최문정, 최류미, 최대현, 최기호, 최광용, 최경미, 최경련, 채효정, 채종민, 채윤, 채옥엽, 차종숙, 차용훈, 진현, 진주형, 진용욱, 진영효, 진영준, 진냥, 지정순, 지수연, 주윤아, 주순영, 주수원, 조희정, 조형식, 조항미, 조해수, 조진희, 조지연, 조준혁, 조주원, 조윤희, 조윤성, 조원배, 조용진, 故조영희(명예조합원), 조영현, 조영옥, 조영실, 조영선, 조영란, 조여은, 조여경, 조수진, 조성희, 조성실, 조성대, 조석현, 조석영, 조상희, 조문경, 조두형, 조남규, 조경애, 조경아, 조경삼, 제남모, 정희영, 정희선, 정흥윤, 정혜령, 정현진, 정현주a, 정현주b, 정현숙, 정혜레나, 정태회, 정춘수, 정철성, 정진영a, 정진영b, 정진규, 정종현, 정종민, 정재학, 정이든, 정은희, 정은규, 정은교, 정유숙, 정유섭, 정원석, 정용주, 정예슬, 정영현, 정영수, 정애운, 정수연, 정부교, 정보라a, 정보라b, 정미숙, 정명옥, 정명영, 정득년, 정남주, 정광호, 정광필, 정광일, 정관모, 정경원, 전혜원a, 전혜원b, 전정희, 전유미, 전보선, 전병기, 전민기, 전미영, 전난희, 장효영, 장용일, 장현주, 장진우, 장준상, 장인수, 장은하, 장은지, 장용석, 장원영, 장시준, 장슬기, 장상욱, 장병훈, 장병학, 장근영, 장군, 장경훈, 임혜정, 임향신, 임한철, 임지영, 임증혁, 임종길, 임정은, 임진수, 임성준, 임성빈, 임성무, 임선영, 임상진, 임동헌, 임덕연, 임금록, 이희옥, 이희연, 이호진, 이화현, 이호진, 이혜정, 이혜린, 이현종, 이현, 이혁규, 이향숙, 이한진, 이태영a, 이태영b, 이태구, 이충근, 이초록, 이진주, 이진수, 이지연, 이지훼, 이지영, 이지영, 이지연, 이중석, 이준구, 이주희, 이주탁, 이주영, 이종찬, 이종은, 이정희a, 이정희b, 이재형, 이재식, 이재두, 이인사, 이용username, 이은희a, 이은희b, 이은향, 이은진, 이은주a, 이은영, 이은숙, 이은경, 이용정, 이용엽, 이윤선, 이윤미, 이유진, 이월녀, 이원남, 이우진, 이용환, 이용석a, 이용석b, 이용기, 이영화, 이영혜, 이영주, 이영성, 이연진, 이연주, 이연숙, 이연수, 이성애, 이성수, 이성수, 이설희, 이선표, 이선영, 이선애, 이선애b, 이선미, 이상훈, 이상화, 이상직, 이상원, 이상미, 이상대, 이병준, 이병곤, 이범희, 이민아, 이민숙, 이미옥, 이미연, 이미숙a, 이미숙b, 이미라, 이문영, 이명훈, 이매탐, 이매남, 이동By, 이동갑, 이도준, 이덕주, 이난숙, 이난영, 이나경, 이규, 이근희, 이근철, 이근영, 이균호, 이광연, 이계삼, 이경은, 이경옥, 이경언, 이경아, 이경림, 이건진, 이건민, 이갑순, 윤홍은, 윤큰별, 윤지형, 윤종원, 윤우람, 윤영훈, 윤영백, 윤여강, 윤석, 윤상혁, 윤병일, 윤규식, 유효성, 유재율, 유은아, 유영길, 유성희, 유유진, 오승훈, 오수민, 오세희, 오세연, 신혜경, 상오철, 오민석, 오명환, 오동석, 오경숙, 염경신, 여희영, 여태진, 엄창호, 엄지선, 엄재홍, 엄영숙, 엄기호, 엄귀영, 양희진, 양혜준, 양지선, 양은주, 양은숙, 양영희, 양애정, 양선화, 양선형, 양서영, 양상진, 안효빈, 故안혜영(명예조합원), 안찬원, 안지현, 안지숙, 안지영, 안준철, 안정선, 안재성, 안용덕, 안옥수, 안영빈, 안순억, 안경화, 심향일, 심은보, 심승희, 심수환, 심응우, 심경일, 신혜선, 신혜경, 신중일, 신창호, 신창욱, 신장복, 신중희, 신은옥, 신은경, 신유준, 신소희, 신미옥, 신관식, 송화원, 송호영, 송혜란, 송현주, 송진아, 송정은, 송인혜, 송용석, 송승준, 송명숙, 송근회, 손호연, 손현아, 손진근, 손은경, 손소영, 손성연, 손미숙, 소수영, 성현주, 성현석, 성유진, 성혜록, 성열관, 성나래, 설은주, 설원민, 선휘성, 선미라, 석옥자, 석경순, 서혜진, 서정오, 서인선, 서은지, 서상원, 서우철, 서예원, 서승일, 서강자, 서강선, 상형규, 복현수, 복준수, 변현숙, 백현희, 백인식, 백영호, 백승범, 배희철, 배희숙, 배주영, 배정현, 배정원, 배일문희, 배이상헌, 배영진, 배아연숙, 배성호, 배경내, 방득일, 방경내, 반영진, 박회진, 박희영, 박효정, 박효수, 박환조, 박혜숙, 박형진, 박형일, 박현희, 박현주, 박현숙, 박춘애, 박춘배, 박철호, 박진환, 박진수, 박진철, 박지용, 박지혜, 박지선, 박종희, 박주원, 박정아, 박정희, 박은희, 박은경a, 박은경b, 박유희, 박옥주, 박옥균, 박영일, 박영기, 박영림, 박신자, 박승희, 박숙현, 박수진a, 박수진b, 박수연, 박소련, 박소영, 박세영, 박성현, 박성찬, 박성규, 박선혜, 박선영, 박복선, 박미희, 박명진, 박명숙, 박동혁, 박도정, 박덕수, 박대성, 박노혜, 박내현, 박나실, 박고형준, 박계도, 박경주, 박경주a, 박건주, 박건진, 민형기, 민우진, 민애경, 민병성, 민명섭, 나규환, 故문종빈(명예조합원), 문지훈, 문용석, 문영주, 문순창, 문순옥, 문수현, 문수영, 문수경, 문세이, 문성철, 문봉선, 문미정, 문경희, 모은경, 명수민, 마승희, 류형우, 류창모, 류지남, 류정희, 류재향, 류우종, 류영애, 류명숙, 류경원, 도정철, 도방주, 데와 타카유키, 노영필, 노상경, 노미경a, 노미경b, 노경미, 남우형, 남정민, 남옥연, 남숙현, 남유경, 남영, 남병, 나규환, 김정경, 김희옥, 김홍규, 김훈태, 김효승, 김환희, 김홍규, 김혜영, 김혜순, 김혜림, 김형별, 김현진a, 김현진b, 김현주, 김현엽, 김현실, 김현경, 김현, 김현택, 김필임, 김태훈, 김춘성, 김천영, 김창진, 김찬양, 김진희, 김진숙, 김진명, 김진, 김지훈, 김지연a, 김지연b, 김지미, 김지광, 김증미, 김준뫄, 김준영, 김주립, 김종현, 김종연, 김종욱, 김종숙, 김종기, 김정석, 김정섭, 김정삼, 김정기, 김재황, 김재민, 김인순, 김이은, 김이민경, 김은희, 김은파, 김은주, 김은영a, 김은영b, 김은아, 김은식, 김은숙, 김은남, 김윤주a, 김윤주b, 김윤정, 김윤자, 김윤수, 김원석, 김우영, 김우, 김용훈, 김용양, 김용섭, 김용만, 김용란, 김요한, 김영희, 김영진a, 김영진b, 김영주a, 김영주b, 김영선, 김영상, 김연일, 김연오, 김만현, 김미애, 김애, 김애령, 김시내, 김승규, 김순천, 김수연, 김수진a, 김수진b, 김수정a, 김수정b, 김수경, 김소희, 김소영, 김세호, 김성진, 김성숙, 김성보, 김설아, 김선희, 김선우, 김산산, 김선미, 김선구, 김선경, 김석준, 김석규, 김상희, 김상정, 김상일, 김상숙, 김상기, 김봉석, 김보현, 김병희, 김병훈, 김병준, 김별주, 김벼주, 김민희, 김민곤, 김민경, 김미향, 김미향c, 김미진, 김미숙, 김미년, 김무영, 김묘선, 김명희, 김명섭, 김동현, 김동춘, 김동일, 김도현, 김도연, 김도석, 김대성, 김다희, 김다양, 김남철, 김나해, 김기웅, 김기오, 김기언, 김규항, 김규태, 김규리, 김광민, 김광명, 김교종호, 김경호, 김경일, 김경엽, 김경숙a, 김경숙b, 김가영, 김가연, 기형준, 기세라, 금현조, 금명순, 권회주, 권혜영, 권현영, 권태윤, 권자영, 국찬석, 구자혜, 구자원, 구자숙, 구완회, 구수연, 구본희, 구미숙, 괭이눈, 광효, 곽혜영, 곽현주, 곽진경, 곽노현, 곽노근, 공현, 공영아, 고춘식, 고진선, 고은정, 고은미, 고윤정, 고유준, 고영주, 고병헌, 고병연, 고민경, 강현주a, 강현경, 강현이, 강한아, 강태식, 강진영, 강준희, 강인성, 강이진, 강은정, 강영일, 강영구, 강열, 강순원, 강수미, 강수돌, 강성규, 강석도, 강서형, 강병용, 강경모

※ 2019년 7월 19일 기준 878명